JN095111

法律事務所「総合力」経営の実務

長井友之／仁木恒夫
平岡将人／鈴木寿夫 著

法律事務職員活用のバイブル

日本加除出版株式会社

第2部　法律事務職員との協働マニュアル ————99

第 1 部

法律事務職員の必要性とその価値

第1

法律事務職員とは何者か？
（豊かな法律事務所実現のために！）

日弁連・弁護士業務改革委員会　法律事務職員関連小委員会　委員長　長井　友之

はじめに　〜豊かな法律事務所〜

　私は日弁連において四半世紀にわたり，「法律事務職員の価値と活用」について検討する委員会に所属してきました。また，私自身，約30年間，4〜9名の法律事務職員を雇用し，法律事務職員の力を借りて，法律事務所を経営してきました。

　法律事務職員の活用に関して多くの成功と失敗を経験しましたが，今，改めて，法律事務職員活用の魅力（価値），活用方法及び留意事項等について，私見を整理し直し皆様にご提案したいと思います。多くの弁護士が，本書を契機として，法律事務職員活用について自信を深め，活用方法について発想の転換を図られ，業務範囲の拡大と効率化を実現し，より豊かな法律事務所を再構築されることを祈念いたします。

　豊かな法律事務所の実現は，弁護士が真に社会貢献を果たし，社会にとって必要な職業であり続けるための必要条件であると考えるからであります。

　「豊かさ」とは多様な概念ですが，経済的な安定感は重要な要素であると考えます。

　法律事務所の豊かさを実現する方法は様々ですが，本書は，専ら，法律事務職員との協働により実現する方法等について，当小委員会及びJALAP（一般社団法人日本弁護士補助職協会）において議論して

はじめに

法律事務職員の活用について

弁護士　田口　正輝
弁護士　平岡　将人

平岡：田口先生と私は，日弁連の業務改革員会の法律事務職員関連小委員会の副委員長という立場にいます。お互いに，弁護士と法律事務職員について考える立場にありますが，田口先生の法律事務職員との関わりはどういった始まりだったのでしょうか。

田口：私と法律事務職員との関わりは，弁護士登録後イソ弁として入所した法律事務所が最初ということになります。その事務所では，新人弁護士は，法律事務職員に任せることもまずはひととおり自ら実践しておくべきという方針で，私も法律事務職員と一緒に役所や法務局に行き戸籍謄本や登記などの申請手続を学びました。独立した後，この経験が大いに役立ちました。

平岡：なるほど。法律事務職員に教えてもらったことも多かったということですね。

田口：そうですね。法律事務職員の仕事は，このような書類の申請や申立書の作成といった法律業務の補助以外にも，電話や来客の対応，外回りなど多くあり，法律事務職員が法律事務所を支える重要なスタッフであると実感しています。

平岡：受任事件の補助業務ではどうでしょうか。

田口：私は，イソ弁時代，基本的に書面は自分で作成し，法律事務職員には誤字などのチェックをお願いするくらいでしたが，独立開業後，法律事務経験のある法律事務職員が，何ら指示をしていないにもかかわらず，自ら書面を作成し私にチェックを求めてきたことがありました。

　当初は，法律事務職員の書面をいちいちチェックするよりも自分で書面を作成したほうが早いと，変わらずすべての書面を自分で作成していました。

平岡：その考えが変わったきっかけはあったのでしょうか。

田口：はい。一緒に事務所を経営するパートナーの弁護士が，他の法律事務未経験の法律事務職員も含め，複雑な書面作成を除き，まずは法律事務職員に行ってもらうという考え方でした。最初の頃は，やはり事務処理にワンテンポ遅れているなと感じ，正直「自分でしたほうが早いのに。」と思っていましたが，やがて教育効果が表れ，パートナー弁護士の事務処理速度が格段に早くなりました。

　私は，パートナー弁護士の法律事務職員指導に感謝するとともに，その恩恵を受けることとなりましたが，この時，法律事務職員の積極的な活用が，事務所を大いに発展させる可能性を持つことを認識しました。

平岡：なるほど。

　私の場合は，入所した事務所が，法律事務職員を積極的に活用する事務所だったことが大きいです。もともとが弁護士過疎地域の事務所でしたので，そういった地域の事務所は弁護士を増員することが困難ですから。なので，私は法律事務職員との協働ありき，で弁護士人生を最初から送っています。

田口：今は，そこから事務所は拡大していますし。代表も創業者から承継していますけど，考え方に変わりはないのでしょうか。

平岡：拡大といっても，その理由が人材獲得でした。つまり，弁護士過疎地域というのは，都会に人材を奪われてしまいます。大学に進学して，戻ってこないのですね。創業者が，萩市でもこれだけできる法律事務職員がいるなら，都会ならもっとすごいことが法律事務職員とできると考えたのが拡大の動機となっています。

　また，私自身，代表を承継してしばらくやっていましたが，そこは変えず，むしろ強化したいと思っていました。なので，法律事務職員とともにやっていくという点は，一切変わっていないですね。

　ところで，田口先生は，法律事務職員との協働のメリットはどう考えていますか？

田口：私は，法律事務職員を積極的に活用することの意義は，弁護士の自分時間を作出することにあると思っています。

　法律事務職員が，法律事務について研鑽を重ねることによって，弁護士の多くの作業を代替し，または弁護士の知らない知識について教示してくれるようなことがあれば，弁護士は，本来それらの作業，知識習得に費やしていた時間を営業活動や新しい分野の開拓といった自分時間に充てることができることとなり，それは法律事務所の発展に大きく資することになろうかと思います。

　平岡先生はどうですか？

平岡：そうですね。それに付け加えるなら，経営や事件を協働することで，弁護士が孤独ではなくなるという点は大きいと思います。

　弁護士になってしばらく経って，同期と飲んだ時に，事件処理が辛いとか，弁護士辞めたいとか，そういう愚痴を聞いたことがありました。

　私は，そうは感じたことはないな，と思いました。

　嫌なことやうまくいかないことは，いくらでも，それこそ同じくらいあるのに。

　属人的なストレス耐性の問題はあるのかもしれませんが，法律事務職員と一緒に深く関与してやっていくということが，苦しさは半分に，嬉しさは2倍になってきたのかなと思います。

田口：今，苦しさ半分，嬉しさ2倍と言いましたが，人と一緒に何かをするというのは，そういうことですよね。

平岡：私自身，学生時代からあまり人と何かをするということを避
　　けてきたというか，苦手でした。今の事務所に入ってからは，そ
　　れしかありません（笑）。でも，本当に得難い経験であり，良
　　かったなと心から思っています。

田口：それでは，そろそろ私たちの話は終わりにして，本編にいき
　　ましょう。本書は，法律事務所を組織として成長させたい，法律
　　事務職員も含めてチームとして仕事をしたいと考える先生のため
　　に作りました。何かひとつでも，みなさんの参考になってくれれ
　　ばと心から願っております。

幕開け

　ザワザワ……会場は，これから始まるシンポジウムに対する期待
でざわめいている。

　毛利と小早川は，ようやく空いた席を見つけて，座ることができ
た。

　毛利は，来月から独立して事務所を開こうとしている若き弁護士
である。弁護士としての経験はまだまだ浅いが，ひとりの弁護士と
して，時代を切り開きたいとの気宇は壮大である。

　小早川は，毛利が勤務していた法律事務所の事務職員である。新
人時代の毛利と同じ時期に入社し，一緒に成長してきた間柄である。
毛利が独立すると聞いて，一緒に連れて行ってほしいと頼み，ボス
の了解も得た。

　今日，2人は独立に向けて情報を仕入れようと法律事務所の事務
職員の活用に関するシンポジウムに来た。

　「毛利先生，今日は何か良い情報あると良いですね。」小早川が
言った。

　「そうだね……。事務所運営の経験なんてないから，正直不安し
かないからね。」と毛利が言う。いざ独立が迫ってくると，独立し
ようと決めたときの勢いよりも，いろいろな不安が勝ってしまう。

　「私は，先生は必ず成功する人だと思っていますから，大丈夫で
すよ。私も，頑張りますから。」相変わらず，小早川は元気だ。

　「そうだね。私も，法律のことは多少自信があるけど，それ以外
のところはいろいろ頼りにしているよ。」毛利は言った。小早川の
元気さは，救いになる。小早川が，仕事はきっちりとやり遂げるし，
向上心もあることを毛利はとっくに知っている。

　（一緒にやれば，何とかなるよな。）そう思うと，独立を待ち望ん

でいたときの期待が再び膨れ上がってくる。

　そのとき，ステージに司会者と思われる男性が進み出てきた。

　会場のざわめきがだんだんと静まってくる。

「ご来場のみなさま。」

　絶妙のタイミングで，司会者が口火を切る。

「本日は，法律事務職員活用のシンポジウムにご来場くださり，誠にありがとうございます。私は，本日の司会進行を務めさせていただく，弁護士の平岡将人と申します。」

「近年の時代の変化から，法律事務所経営も殿様商売ではいられません。時代のニーズ，クライアントのニーズをつかみ，それを可能とする組織体制を構築し，国民にとって，企業にとって，より良いサービスを追求していかなくてはなりません。」

「そのような法律事務所を作っていくため，経営者である弁護士は，事務所の経営資源を十分に活用し，事務所の強みを創りだし，勝負していかなくてはなりません。」

　（強みか。何だろう。）毛利は思った。（今のところ，うちの事務所の強みは，自分自身の能力だけだ。）何と心細いことか。毛利はくすりと笑った。

「実際のところ，法律事務所の多くは，弁護士自身が強みの中核となっています。そうであれば，その強みをより引き出し，より効果的に使うために，経営資源をどのように組み合わせるかを考える必要があるのです。」

「現在，様々な弁護士補助ツールが開発されており，今後も，弁護士の仕事はより便利になるのかもしれません。しかし，法的サービスの根幹は人にあります。弁護士を伝統的に支え続けてきた法律事務職員こそが，弁護士の強みを引き出し，弁護士を支え，クライアントに対するサービスを支える最高のサポーターだと考えています。」

　（そうだ。小早川さんがいるから，私の良さを最大に引き出せる。こういう事務所を作っていかなければ。）毛利は，思った。

　「本日は，法律事務職員の活用について，様々考えていきたいと思います。まずは，日本弁護士連合会業務改革委員会法律事務職員関連小委員会」と，司会の平岡弁護士は，ここまで一息に言って，言葉を区切った。

　「かなり長い名前ですが（笑），日弁連でも法律事務職員関係を扱う唯一といっても良い委員会ですね。その当代の委員長，長井友之弁護士から，今までの法律事務職に関する歩み，これからの展望を語っていただきましょう。それでは，長井先生，宜しくお願いします。」

　会場から，いっせいに拍手が巻き起こった。

〜〜〜〜〜〜〜〜〜〜〜〜〜〜〜〜〜〜〜〜〜〜〜

きた内容や関係者のアイディアと工夫等をご紹介したいと思います。

問題の所在（本書出版の契機）

　法律事務職員は，弁護士業務（法律事務所経営）において，必要不可欠な人的資源です。

　しかし，多くの法律事務所において，法律事務職員の有効活用は未達というべきです。

　それは何故なのでしょうか？

- 弁護士が法律事務職員の活用方法について無知だからでしょうか。
- 有能な法律事務職員の養成方法が分からないからでしょうか。
- そもそも，有能な法律事務職員など不要と考えているのでしょうか。
- 有能な法律事務職員は欲しいが，経費の増大を恐れて採用を断念しているのでしょうか。
- 法律事務職員の積極活用に関心はあるが，「非弁」と言われないか心配なのでしょうか。
- 法律事務職員の有効活用による効用について，具体的イメージを描けないのでしょうか。

　このように，法律事務職員の有効活用が未達な原因は様々でありましょう。しかし，法律事務職員の有効活用によって，「業務の質」を高めるとともに，「業務の拡大」を実現している法律事務所が少なからず存在していることも，紛れのない事実であります。

法律事務所を取り巻く環境

　いわゆる「司法改革」と称する一連の制度変更により，弁護士を

取り巻く環境は厳しさを増しています。そして，弁護士の疲弊は，業務の品質の劣化に繋がりかねず，弁護士からの法的サービスの受益者たる顧客の権利実現に悪影響を与えかねません。よって，弁護士の顧客（利用者）の目線でこの司法改革の功罪を検証し，仮に維持すべきものがあるのであれば存続させ，改めるべきは勇気を持って見直されるべきであります。しかし，私ども，個々の弁護士は日々厳しい状況のなかで業務に携わらざるを得ず，司法改革と称する政策を嘆き，政府による改善（修正）を待っている余裕はありません。

　したがって，個々の弁護士の努力と工夫によって，弁護士業務の合理化と改善を模索し，豊かな法律事務所を構築しなければなりません。特異な例外を除けば，弁護士がその使命である依頼者の権利実現に安定的に寄与するためには，まずもって，安定的な経営基盤を確立することが肝要であります。その前提としての合理的な収益の獲得ですが，その方策は様々でしょうが，本書においては，法律事務職員の有効活用という方策（切り口）について，私どもの有する知見を提供するものであります。

　即ち，私ども，個々の弁護士は，自分自身で実現できることから取り組み始め，弁護士業務を活性化（質量共に発展）させるために，顧客に対して良質な法的サービスを提供する基盤の構築を図るべきであります。

　若手を中心とした多くの弁護士は，財政的不安からか，本来であれば，法律事務職員の積極活用によって享受できるはずの業務遂行上のメリットを，断念・放棄せざるを得ない状況にあります。法律事務職員を単なる事務所経営上の経費（コスト）としか考えられず，法律事務職員の活用により，弁護士業務・法律事務所を発展させるという視点と意欲を持てない状況にあります。これは，当該弁護士・当該法律事務所が衰退していくといったことに留まらず，顧客

に対する法的サービスの劣化といった重大な問題を招来します。そして，弁護士業界全体に対する社会的信頼が低下し，他士業等の跳梁跋扈を許し，ますます，個々の弁護士の業務環境（顧客誘引力）を悪化させてしまいます。

① 問題意識その壱（負のスパイラルからの脱却）

法律事務職員の雇用は固定経費の増加にすぎないと考える弁護士の増加が心配です。

いわゆる司法改革，そのなかでも安易で無定見な弁護士人口の増加策が惹起した惨状は，経営基盤の崩壊に直面せざるを得ない若手弁護士を中心として，切実な現実であります。

しかし，経済的不安から法律事務職員の活用を断念して，本来であれば法律事務職員に委ねられるはずの諸事務を弁護士自ら担当するといったスキームは，弁護士の業容をシュリンクさせるだけであります。経費節減のために弁護士自ら諸事務に埋没することは，弁護士でなければできないこと（研究や研鑽，人脈の形成等）に投入すべきエネルギーと時間を空費し，当該弁護士の将来への布石や新たな業務の開拓を断念することになりかねません。正に，「負のスパイラル」に陥るばかりかと思います。

このことは，AIやDXを活用したとしても，本質的には同じです。法律事務職員を合理的に活用しつつ，同時に，AIやDXも駆使する弁護士と比較すれば明らかです。

弁護業界が疲弊しつつある今だからこそ，法律事務職員の積極活用を考えてみては如何でしょうか？

② 問題意識その弐（事務所全体の能力向上へ）

国民の多様化し複雑化する法的ニーズに対して，現在の法律事務所は十分に対応できているのでしょうか？　私は，極めて悲観的で

あります。司法改革といわれる一連の政治的圧力も，結局は法律事務所の不甲斐なさが招いた産物であり，簡裁代理業務への司法書士参入も法律事務所の適応能力の低さが大きな原因でありました。国民が等しく法の支配の恩恵を享受するために，司法的救済と予防法務体制の確立は必須ですが，従前の弁護士・法律事務所は国民の期待に応えきれなかったと言わざるを得ません。この点，弁護士人口の無計画な増員策でカバーできたかと言いますと，その結果は皆様ご案内のとおりであります。

　当小委員会は，国民の司法的救済と予防法務を充実させる諸方策の「大きな柱」として，法律事務職員の『適正な積極活用』をテーマとして掲げ幾多の施策と提言を行ってきました。

　弁護士も人間である以上，その能力や時間的なキャパには限界があり，弁護士の活動を支え補ってくれる有能なスタッフと共に法律事務所を形成していくことが自然であり，国民の負託に応えられる所以ではないでしょうか？

　法律事務職員の具体的活用方法（ノウハウ）については，次章以下において，具体的に紹介・提案いたしますが，本稿では，法律事務職員活用の前提となる理念等について，記します。

③　分業と役割分担（補助者とのチームワーク）

　有能な補助スタッフのいない法律事務所は，看護師のいないクリニック，補助職員のいない税理士事務所，そして，書記官のいない裁判所，を想起してみると分かりやすいと思います。多くの市民に良質で安全・安心な医療サービス・税務サービスを提供するため，司法分野では多くの複雑な事案に対し的確・迅速な解決を図るためには，医師，税理士，裁判官だけでは対応しきれません。看護師や税務補助者・書記官は，歴史的生成過程は異にするにせよ，当該機関の【職責・社会的使命】を果たすための必要性に基づき制度化，

または，形成されてきたものであります。

　この点，法的需要に比して相対的に弁護士人口も少なく，専ら，限られた顧客層に対して法的サービスを提供することでも事足りた時代感覚の弁護士からは，時折，「法律事務（準）独占は，弁護士のみに与えられた権能であり，法律事務職員の積極活用は【非弁】に該当し，けしからん。」といったお叱りを受けることがあります。しかし，このような唯我独尊的な発想では，国民の期待に応えることは困難であります。法律事務（準）独占という権限（資格）は，弁護士の業務遂行上の便宜（非競争化）のためにあるのではありません。

　それは，法的サービスを享受すべき国民が安心できるよう，良質な法的アウトプットを担保するために付与されたものであります。換言すれば，弁護士の属人的な特権ではなく，弁護士の【職責・社会的使命】を実現するために付与されたものであります。もちろん，法律事務職員の積極活用が良質で安全な法的サービスを提供するための手段である以上，弁護士による「実質的な指導・監督」は不可欠ですが，それ以上でもそれ以下でもありません。

　このような観点から，法律事務職員の機能と役割を検討してみます。

④　法律事務職員とは何者か？

　弁護士や法律事務所の役割も不案内な全くの新人職員も，弁護士の補佐的業務を難なくこなし新人弁護士への教育的業務すら担えるベテラン職員も，皆同じく法律事務職員と位置づけられるのが現状であります。これでは，クリニックの受付業務の新人と師長的なベテラン看護師を同一視するのと同じです。私共は，法律事務所のスタッフについて，階級的な差別を行うものではありません。当該法律事務職員の資質及び能力等に即した役割と位置づけ等が必要であ

ると考えているものであります。

　有能な職員に支えられた弁護士は，生み出された時間を有効に使い，真に弁護士自身が直接行うべき業務に専念することができます。また，時間的な余裕により，多くの事案に対応することができ，ひいては多くの国民の権利救済に貢献できます。また，（これは法律事務職員と勤務弁護士の給与格差によりますが）料理で言う下ごしらえ的な作業を法律事務職員に担当してもらうことにより，依頼者への請求金額を合理化・低減化することも可能となります。

　当小委員会では，有能な法律事務職員の養成は，弁護士業務の合理化と良質化を担保させ，ひいては，多くの国民が法の支配の利益を享受することに繋がるとの信念に基づき，弁護士補助職認定制度（研修・試験）を創設・実現し，その運営を 10 年以上前から行っております。

　その結果，能力認定試験の合格者は本年には累計 5000 名に達する見込みであり，これは弁護士業務を補助するに足る法律事務職員の能力について，「ナショナル・スタンダード」を確立したものと自負しております。そして，認定試験合格者をして，正式な称号は未確立ですが【弁護士補助職】というプライドを胸に秘め，その認定された能力に相応しい役割と職責を果たしつつあるのが昨今の状況であります。

　弁護士の皆様におかれては，法律事務職員の能力向上，ひいては，法律事務所全体の対応力向上のため弁護士補助職認定制度（研修と試験）の利用をお勧めしたいと思います。

⑤　でも足らない！　それは何か？

　まず，認定試験合格者の正式な称号が確立されていないことです。名は体を表すものであり，認定試験合格者に対し，その能力と職責に相応しい称号が与えられるべきであります。この点，未だ私論に

過ぎませんが，【弁護助手】という呼称に魅力を感じております。素直に理解すれば「弁護士の助手」となり，弁護士業務を下支えする役割・職務となり，弁護士から独立しては活動し得ない（弁護士の実質的な指導・監督の下に活動する。）補助者といった職責を明確化できると思います。また，非弁懸念論者の抱きがちな不安も解消しやすいのではないでしょうか。

　次に，単なる称号付与だけでなく，弁護助手の能力，スキル及び法律事務所における役割に即した権限（？）付与の是非が問題となります。この点，私は，広義の資格付与を考えております。狭義の資格，すなわち，「禁止の解除」を旨とする資格付与に踏み切るのには躊躇を覚えます。その理由は，いわゆる非弁懸念論では全くなく，一部の者への資格付与の反射効として，現在の法律事務職員（弁護助手ではない法律事務職員）でも当然に行えるはずの業務内容を不当に制限してしまうこととなりかねず，結果的には弁護士業界全体のポテンシャルを低めてしまわないかという懸念からであります。これは，看護師のように，医師が行うべき狭義の医療行為とは別の分野として理解可能な，看護分野というものが，弁護士と弁護助手との間には想定しづらいことに基づきます。従前，弁護士の履行補助者として担当可能であった法律事務に属する分野の業務を，弁護助手ではない法律事務職員ができなくなるようなフレームは作るべきではありません。このような観点から，従前，私が関心を抱いてきたのは，「権限独占」ではなく，「名称独占」としての資格制度であります。国家資格の例を挙げれば，中小企業診断士がそれに当たります。広義の経営分析業務や経営コンサルタント業務は誰でも行えますが，中小企業診断士という国家資格を有するコンサルに対しては相当程度の社会的信頼が寄せられています。

　さて，当該資格の「権原」の如何ですが，本来であれば，看護師や臨床検査技師・作業療法士・歯科衛生士のように，国家による資

17

格付与が望ましいはずです。しかし，暫定的には，日弁連による資格付与が取り組みやすいと考えます（仮称「日弁連認定弁護助手」）。

⑥　何故に資格付与に拘るのか！

　弁護助手をして法律事務所を構成する重要な（不可欠な？）スタッフとして位置づける理由は，法律事務所のポテンシャルと事務処理・対応能力を高め，国民ができる限り法の支配のベネフィットを享受できるようにすることです。そうだとすれば，弁護助手に求められる能力とスキルは相当程度に高くなります。すなわち，有能な人材を「人財」として活用することが必要となります。有能な人材が法律事務所に就職し，職業人生を掛けるに足りる魅力ある仕事に従事できることにより，弁護助手という呼称の付与と共に社会的認知度を高め，ひとつの「確立した職業」に高める必要があると思います。

　現状，少数の先進的な法律事務所では，法律事務職員に対する待遇等を飛躍的に高め，その能力を存分に発揮してもらえる環境を整えつつあります。これは，当該法律事務職員にとってだけでなく所属する法律事務所にとっても好ましいことです。しかし，これは，恵まれた環境の法律事務所に就職できた法律事務職員だけに限られています。日弁連が取り組むべき課題は，法律事務職員全体と多くの法律事務所を視野に入れた施策の構築と実現であり，法律事務所全体のポテンシャルを高めることです。では，資格化はどうして法律事務職員の能力の向上に資するのでしょうか？　繰り返しますが，その時点での近視眼的な待遇等の良好さではなく，弁護士だけでなく広く社会に認知された有資格者として，誇りを持って職務に没頭でき，当該資格の社会的信頼の向上とともに，転職可能性すら高まるからであります（雇用の流動性と市場原理）。これは長期的に見れば，経営弁護士ひいては法律事務所自体の大きな利益にもなります。使

い捨ての法律事務職員ではなく，法律事務所の重要なスタッフとして正当な評価を与えることによって，弁護助手の能力を存分に引き出せるからであります。

⑦　弁護助手に必要な資質

　弁護助手の担う役割に照らすと，実体法の基礎知識や各種法的手続に精通していることが望ましいと言えますが，私どもは，「ミニ弁護士」を作出したいわけではありません。弁護士の補助業務を行うため，弁護士と専門的な共通言語で意思疎通ができる程度の知識があれば足りると思います。具体的には，日弁連が毎年実施している弁護士補助職制度の「能力認定試験」の合格が必要十分条件となると考えます。因みに，弁護助手の活躍しやすい分野として，良く保全や執行業務等の手続的分野が挙げられますが，この分野の素養は司法試験に合格しただけでは身につくものでなく，弁護助手の活用は合理的で有用と言えます。

　他方，私が弁護助手に期待する役割・業務として注目しているのは，依頼者と弁護士の架け橋となる【通訳的業務】であります。

　弁護士はともすると専門用語を多用してしまう悪癖があり，他方，依頼者は事実関係や自らの意思を的確に弁護士に伝達できない場合が多々あります。その結果，意思疎通の欠落が生じ，互いに不幸な状況に陥ります。そして，これを避ける方策として，「弁護士が十分な時間を割き懇切丁寧に説明し，依頼者の言い分に謙虚に耳を傾ける。」ということが頭に浮かびますが，実は「言うは易し」となりかねません。

　この問題の解決策として，弁護士からの説明とは別に（補完するものとして），弁護助手から【も】分かりやすい解説等を行い，他方，弁護助手を介して弁護士が依頼者の状況をより正確に把握することが有用で合理的ではないでしょうか。

　弁護士業務の本質がサービス業である以上，顧客に対する十分な対応を法律事務所全体で（弁護助手の活用により）達成することが重要です。

　コミュニケーション・ギャップの解消！　これこそが弁護助手の面目躍如と考えます。

　したがって，意思疎通の補完業務に応えうる資質が肝要となります。

⑧　弁護助手制度の成立・発展の条件

　弁護助手には，その重要な役割・職責に照らし，法的素養や手続的知識だけでなく，高い【倫理観】の醸成と陶冶が不可欠となります。したがって，法律知識等の研修以上に，弁護助手倫理（職務基本規程）に関する研修が必要となります。

　また，弁護助手に対する懲戒制度を模索する必要もあります。この点，弁護助手（法律事務職員）は日弁連の会員ではないので，日弁連・弁護士会が，弁護助手（法律事務職員）に対し，直接，遵守させるべき規則等を制定することは困難でしょう。

　しかし，当該弁護助手を雇用（活用）する弁護士・弁護士法人に対する【弁護助手の活用に関する規則】等を定めて，雇用（活用）主たる弁護士・弁護士法人を指導・監督することは可能であります。即ち，当該弁護助手が非弁その他の非違行為を行った場合，雇用（活用）主たる弁護士・弁護士法人について監督義務違反その他の非違行為として懲戒処分を課することが可能だからであります。このことにより，非違行為を犯した弁護助手に対する雇用主（弁護士等）からの解雇・損害賠償請求が容易になり，間接的に弁護助手に対する倫理（職務基本規程）の遵守を担保することになります。

　さらに，弁護助手自身が所属し，自己研磨や情報共有，社会的使命の確認，社会的活動や広報活動の母体となる組織の創設が不可欠

と考えます。この点，わが国には，既に日弁連・弁護士補助職認定制度に基づく能力認定試験に合格した者を母体とした職能団体である「一般社団法人・日本弁護士補助職協会（JALAP）」が既に存在しおり，法律事務職員に対する教育研修及び各種啓蒙活動を実践しています。このJALAPこそが，弁護助手の帰属・監督組織（職能団体）として，更にその機能を充実されることを祈念しております。

　法律事務職員が弁護助手として，堂々と弁護士を補佐できる環境の構築とともに，法律事務職員の規範意識の覚醒と法律事務職員倫理の遵守という風土を形成させようではありませんか。

⑨　非弁懸念の払拭（見えないお化けに怯えるな！）

　法律事務職員の積極活用を論じる際，必ず登場するのが「非弁懸念論」です。

　法律事務職員の管理・監督に自信を持てないが故か，法律事務職員の名を僭称する輩に実質的に乗っ取られた法律事務所による非弁行為のような「特異な病理現象」を念頭に置き過ぎているからなのか，一部の弁護士からは非弁懸念論が提唱されがちであります。

　そこには，法律事務職員に対する性悪説が台頭している懸念があります。

　しかし，考えてみてください。弁護士の【実質的な指導監督】の下，弁護士業務の遂行に関し法律事務職員を活用することの何処が非弁になるのでしょうか！　従前の懲戒事例を見ても，法律事務職員が関与する事例は，実務遂行能力ばかりか法律事務職員に対する指導監督能力をも喪失した弁護士が「法律事務職員と称する輩」の下請けと成り下がり，弁護士資格を利用されているといった稀有な【病理現象】しかありません。正常な判断能力のある弁護士による指導・監督下における法律事務職員の合理的な積極活用が非弁的な結末を招いた事象は寡聞にして聞きおよびません。前記の病理現象

は，弁護士を隷属させ差配する輩がその方便として「法律事務職員」と自称しているだけです。

　自称法律事務職員と管理能力喪失弁護士が稀に行う病理現象を前提として，正常な法律事務職員の合理的な積極活用を断念することは，正に【悪貨が良貨を駆逐する】ことになります。

　我々は，稀有な病理現象に悪戯に怯えることなく，法律事務職員との協働により弁護士業務の質的・量的改善を図るという生理現象，即ち，圧倒的多数を占める正常な弁護士と正常な法律事務職員との関係を前提として，弁護士業務の拡大と質的向上に取り組むべきであります。

　看護師を活用すると「非医？」，書記官を活用すると「非裁？」，補助者を活用すると「非税？」になるのでしょうか？

　彼らには，その権限等の「法的根拠」があるというのであれば，法律事務職員にもその職責に相応しい法的根拠を与えることこそ，本来あるべき【正道な解決策】ではないでしょうか。

　非弁懸念論者の一部には，法律事務職員の合理的積極活用について，悪戯に非弁と非難する向きがありますが，その意図の根底には，非弁から国民を護るという理念ではなく，弁護士の競争相手となり得る者を早期に潰したいといった「ギルド的な匂い」がすると感じてしまうのは私だけでしょうか？

　非弁の排除は，国民が良質な司法的援助を受けられる環境を維持することに目的があり，既存の弁護士・弁護士法人の既得権益（法律事務準独占と経済基盤）を墨守するためにあるのではありません。

　かつて，法律事務独占という立場に胡座をかいてしまい，国民への法的サービスを怠ってきた我々弁護士から，簡裁代理権の独占を司法書士に奪われたことは記憶に新しい不祥事です。考えてみれば，現在の法律事務【準】独占という権限も，たまたま法律がそれを許しているだけのことであり，弁護士が今後も国民への法的サービス

の充実を怠れば，国民は立法措置により弁護士の既得権益を剥奪・制限することも理論的には可能です。

　我々弁護士の使命は，国民への法的サービスの充実に真摯に向き合い，国民からの信頼を確保し続けることであります。

⑩　司法改革の担い手としての法律事務職員

　いわゆる司法改革は，（その真の狙いは兎も角として）多くの国民が司法的援助を受けやすくするというその理念自体には賛同できます。しかし，弁護士人口の増加策は，安易で無定見であったばかりに失敗に帰しました。良質な弁護士を増加させ，良質な司法的救済の恩恵を広く国民に享受させることは水泡に帰したと言わざるを得ません。これは私見に過ぎず，司法改革は成功だったと評価する方もいると思います。しかし，重要なのは，より合理的な費用で，より良質な司法的救済を，より迅速に，国民が享受できているか否かであります。そして，大量増員時代に弁護士人生を歩み出さざるを得なかった若手弁護士の多くは，生活の糧を確保することに汲々とせざるを得ず，国民に対する良質な司法的支援に没頭する余裕はないのではないかと心配になります。

　そこで，無謀な弁護士増員に歯止めを掛け，同時に，良質な司法的支援を国民に提供するための一方策として，法律事務職員の能力向上と積極的活用を提唱したいと思います。弁護士による実質的な指導・監督の下，法律事務職員もチームの一員として弁護士業務を補佐できる状況こそ，解決策のひとつではないでしょうか？　また，副次的ながら，十分な法的素養のない他士業の跳梁跋扈を是正する手段にもなるものと考えます。

⑪　補助職員活用の好例（税理士事務所）

　法律事務職員の合理的な積極活用を考える場合，税理士事務所に

における税務補助者（税理士資格のない職員）の役割と機能が参考になります。税務補助者の活躍により，多くのクライアントが迅速且つ頻繁に税務サービスの恩恵に浴していることは周知のことです。

　多くの税理士事務所には税理士一人に対して多数の税務補助者が在籍し，税理士の業務を補完しています。税理士だけでは対応しきれない日常的なサポート業務について，税務補助者を活用することにより対応しています。多忙な税理士本人ではなく担当職員が初動対応してくれることにより，税理士は当該クライアントがどのような問題に直面しているのか早期に把握でき，問題の性質や難易度によって税理士自ら対応することにより，サービスの質を担保することができます。このようなフレームは税理士業界及び納税者の間では常識化しています（社会的認知と需要）。迅速な初期対応を求めるクライアントにとっても，クオリティーを維持しつつ業務拡大を行いたい税理士にとっても，有意義なフレームであります。

　このような補助職員の活用について，非税（税理士資格のない者による税務相談等の税務サービスを行うこと）として非難される例は寡聞にして聞きおよびません。

　弁護士と補助職員との関係を考えるに当たっても，このようなフレームの構築と社会的認知の醸成ができないものか，提言・発信して参りたいと思います。

⑫　法律事務職員活用（私の実践例）

　私が重視している法律事務職員の活用方法は，相談者・依頼者との意思疎通機能です。

　特に，予備的な聞き取り，補充的な聞き取り，弁護士からの説明の補完・解説等です。

　高齢者，表現・説明能力または理解能力の劣る方，若しくは，過度に緊張している方のなかには，自ら抱えている問題を上手く説明

できず，また，弁護士からの説明を正確に理解できない場合があります。このような方でも，親身になってくれる近親者等が付き添っている場合は良いのですが，そのような環境の方ばかりではありません。そこで，相談者等と弁護士との意思疎通を補完する役割として，私の事務所の職員（但し，適性のある者）をその方のために提供しています。いわば，法律事務職員による【通訳的】補完業務です。

　能力的には問題ない方でも，弁護士との直接面談のときより，法律事務職員との面談のときのほうがリラックスするのか？　詳細に事情を打ち明けてくれる場合があります。弁護士面談の時に話題とならなかった重要事項を法律事務職員から報告を受けた場合，追って，弁護士が確認します。弁護士からの説明の際，本当は理解できていないのに「良く分かりました。」と答えてしまう方もいます。弁護士の退席の後，法律事務職員が確認してその事実が判明し，分かりやすく説明することもあります。安心して帰られる姿を見られるのは幸せです。

　このような予備的聴取・説明については，ともすると「要件事実に即した聴取が期待できず，非弁の疑いさえある。」等のお叱りを受けることもありますが，批判自体失当です。

　要件事実該当性等は，後から十分に判断できます。良質で丁寧な法的サービスを実現したいのであれば，相談や説明の時間を弁護士の都合で悪戯に短縮すべきではありません。

　話を自分なりにできる環境，得心するまで説明を受けられる環境，それが肝心です。

　因みに，このような【通訳的】補完業務についても，弁護士と依頼者との「意思疎通という重要な役割」を法律事務職員が担当することは，法律事務職員の主観が介在するおそれがある等として，非弁の可能性があるとの批判もあり得ましょう。

　ところで，外国人（日本語能力の欠如または劣る者）に関する弁護活

動における本来の「通訳」については，どのように考えるのでしょうか？　通訳業務は，弁護士と依頼者間の意思疎通について重要な（否，決定的な）役割を果たします。そして，通訳者は弁護士資格を有しないのが通常です。また，通訳者は能力と誠実さは不可欠ですが，特段「資格」は不要であります。しかし，このような通訳者を弁護士業務（依頼者等との意思疎通）の補完として活用することを非弁とは言われません。

　法律事務職員活用と通訳者活用，いったい何処が違うのか！　冷静に考えたいものです。

私論・弁護助手に付与する資格
（調停手続に関する共同代理権）

　本文で提唱した弁護助手に付与する法的資格に関する一試案として，調停手続における共同代理権を提案したいと思います。

1　禁止の解除を旨とする資格化

　禁止の解除を旨とする資格付与を議論する前に，まず取り組むべき課題として，名称独占たる資格を念頭に置いた見解を述べました。これには，2つの理由があります。

①　まず，現在，法律事務職員（弁護助手）では行い得ない業務を新たに可能にするためには，当然，立法措置が必要となり，膨大なエネルギーが必要となるからであります。

②　次に，現在においても，弁護士の実質的な指導監督の下に当然に行い得る種々の業務のなかから，ある分野を切り出して，この業務について禁止の解除を旨とする資格化を図るとすると，当該資格制度の創設によって，資格を取得しない法律事務職員が（今まで行い得た）当該業務を行えなくなるという，不条理（矛盾）が

発生するからであります。

2　解決方法（実現手段）

前記①の立法措置を実現する手順としては，Ａ日弁連を通しての
ロビー活動とＢ法律事務職員団体からの直接的なロビー活動が考え
られます。Ａは，今後の日弁連との関係を良好に維持するためには
有益でありますが，日弁連の理解をどのように得られるかが課題と
なります。また，「理解」だけでは足らず，Ａ手順とするためには，
日弁連自体に強い【実現意志】が必要となります。Ｂ手順のために
は，法律事務職員の積極活用が国民生活の利便性と公共の福祉に沿
うと考える政治家の増加と政策実現に向けた意欲が不可欠となりま
す。

ところで，ＡＢどちらの手順にせよ，最終的には『世論の支持』
が必要となります。

そのためには，弁護助手（法律事務職員）に【どのような権限を】
【何故に】付与するのか，【弊害はないのか】といった課題について，
説得的な論陣を張る必要があります。

前記②については，現在においては，如何に弁護士の実質的な指
導の下とはいえ「行い得ない」または「グレーゾーン」の業務を対
象とすることにより，従前の法律事務職員の業務を圧迫することな
く，棲み分けができるはずです。

3　具体的内容

私が念頭に置いているのは，【調停手続】であります。認定司法
書士のような「簡裁代理権」とは違います。対象となる裁判所は簡
裁の他，家庭裁判所も含みます。他方，単独代理権ではなく，雇用
主等の弁護士（指導監督者）と共に受任することが必要となる意味
で，【共同代理権】と名付けました。

　国民の利便性の推進や非弁懸念の払拭ができるだけでなく，調停委員と依頼者との間の【通訳的機能】という，弁護助手の能力と職責に相応しい活動のフィールドだと考えていますが，皆さんのご意見を頂戴したいと思います。

幕間

　長井弁護士が，万雷の拍手を浴びながら軽く一礼して舞台をおりる。それを見ていた毛利に，隣に座っていた小早川が話しかけてきた。

　「『弁護助手』の役割として，長井先生が挙げていたコミュニケーションのギャップの解消というのは分かりますよね〜。」またこの話題かと毛利が小早川を見ると，やっぱり半笑いである。

　新人のころに，小早川と担当したある事件のことを言っているのだ。資料が膨大で複雑なある交渉案件で，いよいよ合意をするか，それとも裁判をするかというタイミングで，クライアントと打ち合わせた件である。

　毛利は，前日から準備して，裁判所の判例，判断動向もできるだけ調べ，現在の証拠状況なども踏まえて，流れるように完璧な説明をして，裁判よりも合意で終わらせようと依頼者を説得したのだ。

　依頼者からは，そのミーティングで毛利に任せると言ってもらったので，無事に交渉成立となった。難しい件を無事解決できて，ボスからも褒められ，自信になった件でもあった。

　しかし，しばらく経って，小早川と食事に行った際に言われたのだ。

　「実はあの件，先生の説明，依頼者にほとんど伝わっていませんでしたよ。」と。「後で，電話がかかってきて，先生の説明の解説を求められました。1 時間くらい話して，やっと納得できたようです。」

　小早川も，毛利が得意げだっただけに，どう切り出したものか迷っていたらしい。毛利の新人の頃の，恥ずかしい思い出のひとつである。未だに小早川はこの件をことあるごとにいじってくるのだ。

「いや，そのとおりだね。また頼むよ。」

毛利はそっけなく，小早川の発言を流した。

「長井先生も発言していたけど，非弁については気になるよね。どこからが非弁なのか，はっきりさせてほしいよね。」と毛利は話題を変えるために言った。

「先生の指示に従って業務をして，どうして非弁となるのか，私には理解できませんけど。神聖なる弁護士業務は有資格者しか触れてもいけないってことですかね。だったら手書きで訴状を書いたらいいし，訴状も自分で裁判所に持っていくべきでは？」

小早川がちょっとむっとしたように言う。小早川は，以前，相手方の弁護士からの進捗状況の問い合わせに対して，毛利が不在であったために，変わりに回答したところ，「法律事務職員が弁護士にそんなこと答えるなんて非弁じゃないのかね？」と嫌味たらしく言われたことがあったのだ。実際，小早川は自分がまずいことをしてしまったのかとかなり落ち込んでしまい，その後のフォローが大変だったのだ。

そんなやり取りをしているなか，司会者の平岡弁護士が登壇した。

「法律事務職員を活用していこう，と問題提起をすると，必ず生じるのが，それは『非弁』ではないのか，という問題です。長井委員長は，見えないお化けに怯えるなと言いますが，実際のところ，非弁と言われるのが怖くて，必要以上に法律事務職員の活用を萎縮しているのが実態ではないかと思います。

私たちは，ここで法律事務職員の『非弁』問題を整理し，新たに提言したいと思います。よろしくお願いします。」

会場から大きな拍手が巻き起こる。毛利にとっても，小早川に良い職場を準備するためには，「非弁」問題は気になるところだったので，毛利の拍手にも力がこもる。横目で小早川を見ると，上半身

を乗り出して，くい気味で拍手をしている。

第 2

法律事務職員活用と「非弁」

一般社団法人日本弁護士補助職協会（JALAP）　代表理事　平岡　将人

1 非弁行為とは

　弁護士法 3 条には，弁護士の職務が規定されています。それによると，当事者その他関係人の依頼または官公署の委嘱によって，訴訟事件，非訟事件及び審判請求，異議申立て，再審査請求等行政庁に対する不服申立事件に関する行為，その他一般の法律事務を行うことです。

　さらに，同法 72 条には，弁護士でない者が法律事務を業とすることを禁止する規定があります。即ち，弁護士または弁護士法人でない者は，報酬を得る目的で訴訟事件，非訟事件及び審査請求，異議申立て，再審査請求等行政庁に対する不服申立その他一般の法律事件に関して，鑑定，代理，仲裁若しくは和解その他の法律事務を取り扱い，またはこれらの周旋をすることを業とすることができないとの規定です。

　また，同法 27 条は，弁護士は，72 条ないし 74 条の規定に違反する者から事件の周旋を受け，またはこれらの者に自己の名義を利用させてはならないと規定されています（なお，違反すると疑うに足りる相当な理由のある者からの紹介，利用，名義貸しは職務基本規定 11 条で規制されている。）。

　一般に，「非弁行為」と言われるときには，報酬を得る目的で非弁護士が法律事務を扱うこと，あるいはその斡旋を行うことを指します。

2 法律事務職員が法律事務の補助をすることが「非弁」なのか

　弁護士法72条が，弁護士以外の者に，業として法律事件の法律事務を行うことを禁止している以上，法律事務職員が「法律事務」を行うのは72条違反であることは言うまでもございません。

　問題なのは，「法律事務補助」ならば許されるのではないかということであり，この問題が本稿のテーマです。

　先に，私見を述べておくと，法律事務職員が弁護士の法律事務の補助業務を行うことは，何ら弁護士法72条に反することはございません。

　まずは法律事務職員活用が「非弁」と言われがちな背景事情を確認していきましょう。

3 法律事務職員の活用が「非弁」と言われがちな背景事情

　時折ニュースになるが，非弁護士が，例えば事務所をのっとるような形で法律事務所を運営し，市民から法律事務を受注しているケースがあります。

　そういったケースは，報道されるかどうかは別として，一定数の発生が実際にあるようです。

　このようなケースでは，弁護士が非弁護士に名義を貸すだけと

なっており，実際に法律事務を行うのは非弁護士であり，弁護士はほとんど関与していません。典型的な 27 条・72 条違反です。

　これを放置すると，法律事務を弁護士が独占し，もって国民の権利の実現・社会正義の実現を図っている趣旨に反し，国民の信頼を失うこととなります。

　こういったケースを弁護士会が調査していくと，そのような事務所では法律事務職員（と名乗る者？）が依頼者と面談し，事情聴取を行い，方針を実質的に決め，相手方と交渉し，書面を作成し，報酬を請求するという事務処理を行っています。

　法律事務職員が，法律事務の補助業務をするというと，まっさきに思い浮かべるのが，このような悪質な事例，あえて言えば「病理現象」なのです。

　例えば，法律事務職員が事情聴取をします。このことは，適切な補助の場合と「病理現象」と，外形上区別がつかないのです。

　そのため，法律事務職員の法律補助に関しては，「病理現象」を知り，それに憤り，同時に胸を痛めている弁護士ほど，敏感に「非弁？」と反応します。

　以上が，法律事務職員の活用が「非弁」と言われがちな背景事情です。

４　法律事務職員の法律事務補助行為は問題があるのか

　法律事務職員が，事情聴取をして良いかとか，起案をして良いかという問いに対しては回答や線引きは難しい。それらが「補助」であるならば 72 条を逸脱しないが，「補助」を超えて，法律事務を行っていると評価されると非弁となるのです。

　法律事務職員が何をするかの問題ではなく，弁護士や法律事務所として，適切な管理・監督を行い，弁護士が法律事務を行っている

と評価できるような体制になっているかが問題となります。

　この点に関しては，次の指摘が非常に参考になります。

　「弁護士が法律事務処理において法律事務職員を履行補助者として用いることが許されるのは，非弁護士である当該法律事務職員の行為において，法律事務に関する判断の核心部分が法律専門家である弁護士によってなされており，かつ，法律事務職員の行為が弁護士の判断によって実質的に支配されている場合に限られると解されている。」（石本哲敏「弁護士業務に関するアウトソーシングの限界と注意点」LIBRA vol.21 NO.3　2021／3　9頁）。

5 法律事務職員の法律事務補助が「非弁」と言われないために

　私が考えるに，法律事務職員に法律事務の補助業務をしてもらう場合に，意識して実行する点としては，当たり前のことであるが，次の点が挙げられます。

① 　あらかじめマニュアル等を作成し，教育をする
② 　弁護士と法律事務職員は密にコミュニケーションをとる体制をつくる
③ 　事件を放置しない

　法律事務職員が相談予約の対応をする場合，事前にどのような相談なのかの事情聴取を行うが，このようなときに，相談予約の事前の聴取事項をまとめておき，法律判断などは回答してはいけないことなどを，きちんと教育しておくべきです（もちろん，法律相談時に改めて弁護士から大事な事情は再度確認すべきである。）。

　書面起案の問題で言えば，書面を起案するには，どのような書面

を出すかの法的判断，その前提としての事実の聴取，証拠の収集・読解，検討などの法律事務が必須となります。書面の内容，それを裏づける法律判断，事実認定，証拠の収集，事情聴取などについて，弁護士が方針を決め，指示し，法律事務職員が起案した書面の最終的決裁を行う等，法律事務職員は弁護士の起案業務を補助していると評価しうるならば，それは非弁にはならなりません（弁護士が書面の最終チェックをしたからOKというわけではなく，その法的判断の前提となる事情聴取，証拠評価等も弁護士が責任を持ち，法律事務職員の事情聴取や証拠評価を鵜呑みにしてはならないということである。）。

　このように，普通の法律事務所が，法律事務職員と法律事務を，普通に協働する場合に，問題になるケースはありません。弁護士が事案を把握し，法律事務職員に指示を出し，法律事務職員はその指示に沿って事務を補助し，適宜報告連絡相談をするというのは当たり前だからです。

　私が思うに，危険なのは，弁護士が何らかの理由で事件を適切に管理監督できず放置してしまう場合です（法律事務職員の暴走も可能性としてはあるが，それは採用責任・教育責任も含めて弁護士の責任である。）。

　法律事務職員と業務を協働する場合，弁護士が事件を放置しない工夫を意識的に取り入れるべきなのです。

　私は，定期的（どんなに少なくても月1度）に全事件の進捗確認・判断・指示出しを行う時間を強制的に（対外休業日にしてでも）行うのがベストであると考えています。

6　法律事務職員のスキル向上が「非弁」なのか？？？

(1)　ところで，法律事務職員が，弁護士の補助者としてスキルを向上させることや，特別な称号を付与すること，身分証を発行する

ことなどが『非弁』を助長するという考えがあるので，念のため，そのような考え方の背景を検討します。

　この考え方は，クライアント（依頼者・国民）は，法律事務所に対して，「法律判断」，「法律事務」を依頼する，というビジネスモデルを念頭に置いています。

　このような法律事務所のビジネスモデルでは，クライアントに対してサービス（「法律判断」「法律事務」）をするのはあくまで法律専門家である弁護士となります。法律事務職員が活躍する余地はあるとしても，それは弁護士の履行補助者の範囲内です。

　このビジネスモデルに立てば，法律事務職員がスキルや経験をあげるのは，あくまで「弁護士のため」であり，その範囲においてスキルをあげることは歓迎すべきこととなります。しかし，法律事務職員がスキルの高いことを，対外的にサービスとして謳う必要がないことになります。

　必要がないのに，あえて特別な称号を社会に対して名乗り，活動するということは，非弁護士が「法律判断」「法律事務」というサービスを提供する準備活動（すなわち非弁の準備活動）ととらえることができるという考え方があります。

(2)　とはいえ，法律事務所のサービスが，「法律判断」「法律事務」だけというのは，過去そうであった時代があったのだとしても，余りに狭いというべきです。

　ワンストップサービス，カウンセラー，コンサルタントなど，クライアントのニーズに沿ったサービス提供を行うため，従来のビジネスモデルの枠に収まらない法律事務所は増えてきています。

　時代が変われば，求められるサービスも変わるわけで，それは当然の変化なのです。

　これらの法律事務所は，事務所が社会に提供するサービスとし

て，法律問題の解決をサービスの核にはしているが，それだけと
は考えていません。伝統的なサービス概念を拡大・拡張しようと
しているのです。

　このようなサービスを提供する場合，従来考えられていたサー
ビスよりもサービスの範囲が広がります。そして，その広がった
部分で，弁護士以外の者がクライアントに価値提供を行うという
場面が増える結果となっています。

　『非弁』の規制は，こういった弁護士の時代や社会の変化に
沿った改革を禁じる規制ではないことは言うまでもないが，弁護
士の業務改革の最前線で先鋭化する問題であることは否めません。

　ただ，どのようなサービスを提供するにせよ，法律事務におい
ては，その核心部分は弁護士が行ったと評価されなくてはならず，
非弁護士が行ってはならないというのが，『非弁』規制なのです。

　例えば，ただ法律上の勝ち負けだけでなく，紛争下にある市民
の精神的な平穏の獲得までをもサービス内容とする法律事務所が
あったとします。そのためにカウンセラーと協働し，法的解決だ
けでなく，心の解決も図っていきたいと願った事務所があったと
しましょう。

　この場合，カウンセラーがクライアントと密接に話をすること
になるが，クライアントの悩みは法律問題と強く関わりを持つた
め，どうしても法律紛争の内容に踏み込むことになります。

　そうすると，カウンセラーの事情聴取と弁護士の事情聴取の内
容の重なり合いが生じることとなります。

　ここで，重なり合いが生じるから「非弁」ではなくて，重なり
合った部分において，カウンセラーが法律事務を行うことが「非
弁」なのです。

　法的事務の核心部分を弁護士が行ったというためには，法律専
門家が要件事実や立証技術をふまえた事情聴取を行うべきであっ

て，内容が重なり合うとは言え，専門外のカウンセラーの事情聴取を法的判断に際して鵜呑みにしてはならないということなのです。

7　日弁連は法律事務職員が「非弁」にならないガイドラインを示せるか

実際のところ，非弁と言われるのが怖くて，法律事務職員の活用に消極的となっている弁護士が多いのが残念であり，日弁連が，どのような活用なら非弁とならないかを明確に示してほしいと考えている弁護士は多いように思います。

しかしながら，日弁連がそのようなガイドラインを示すのは，実際のところは難しいと考えます。

理由は，法律事務職員の活用に消極的だからではなくて，それを逆手にとって悪用する「病理現象」が生じるのが確実であるからです。

非弁規制は，弁護士は弁護士としての責任を果たすべしという規制であり，「病理現象」として国民に害をなすものを摘発するためのルールなのです。弁護士のより良いサービスは何か，あるべきサービスは何かを指し示してくれる規制ではないのです。

弁護士はとても自由な職業です。同時に重い責務を課された職業でもあります。

弁護士は，自らの信じるところによって，国民に『弁護士』として良いと考えたサービスを提供すべきだと考えます。

非弁規制とは，弁護士が，弁護士としての責任を放棄したときに，突きつけられるレッドカードなのだと考えます。

幕間

「今まで，弁護士の指示に基づいて，法律事務職員が補助業務をすることが，何で非弁なのかと全然分からなかったのだけど，『病理現象』と外形上区別つかないという先ほどの話を聞いて，なるほどと思ったよ。」毛利のつぶやきに，「そうですね。正直，そこまで考えたことなかったですよね。」と小早川もうなずく。「でも，クライアントは法律事務所に法律のことを聞きにくるって，ちょっと違和感がありますけど。法律のことはもちろん聞きにくるのですけど，それ以上に，一緒に困難を乗り越える連帯感とか，安心とか，そういったことも求められていると思うんですよね。」小早川が実感をこめてそう言った。

「そうだね。私も，ただ法律の知識を伝えればいいとか，ただ裁判事務を遂行すればいいとか，そうは思ってないよ。近い将来 AI 弁護士ではできないことを法律事務所としてはやっていかなくては生き残れないくらいに思っているよ。」毛利は，言った。そうだ。これからの時代に勝ち抜く法律事務所を小早川と作っていかなくては。無論，業界法である非弁規制を守ったうえで。

「ところで，私の同期の弁護士が，アメリカに留学していたときに，アメリカではパラリーガルという職域があって活躍しているという話をしていたけど，日本との違いは気になるよね。」と毛利は言った。

「毛利先生，次のプログラムは正にそれみたいですよ。」と，小早川が言う。毛利がパンフレットに目を落とすと『ニューヨークで学んだこれからの法律事務職員のあり方』という次のプログラムが目に入った。（ニューヨークまで行ったのか。お金かけているな。）毛利は心のなかで思った。

　その時，小早川が「ニューヨークに視察行くなんて，すごいですね。お金もかかるのに……。」と同じことを言うので，苦笑するしかなかった。

〜〜〜〜〜〜〜〜〜〜〜〜〜〜〜〜〜〜〜〜〜〜〜〜〜〜〜

第 3

ニューヨークで学んだ
これからの法律事務職員のあり方

弁護士法人愛知リーガルクリニック　事務局長　日栄　真美

１ はじめに

　2011 年，日本弁護士連合会（日弁連）からの派遣で，アメリカは
ニューヨークにおける「パラリーガルの実態調査」に参加しました。
折しも日弁連が，日本国内の法律事務職員が，居住地域に関係なく
全国統一された研修を受講し，ともに能力向上を図る目的で立ち上
げた，「日弁連法律事務職員能力認定制度」が発足して 3 年目で，
法律事務職員の活用に注目が集まっていた時期でした。視察の目的
は，パラリーガルが活躍するアメリカの状況を学び，日本の法律事
務所でスタッフをどのように育成して，弁護士業務にどのように生
かすか。それはつまり，法律事務職員の能力が向上すれば，それが
弁護士業務の効率化の助けとなり，弁護士が提供する法的サービス
の向上に繋がると考えられたからでした。

　しかし当時は，所属弁護士が 200 名〜 800 名という「巨大ロー
ファーム」ばかりを見て回ったため，それぞれに特許や移民法など
約 50 分野のなかからいくつかを選んで専門を標榜し，多くのス
タッフに業務を細分化して，顧客獲得に精力を注いでいる法律事務
所が殆どでした。そこで働くパラリーガルたちは皆，専門分野に特
化した業務を行っているため，私の目には，彼らが事件を俯瞰する
機会もなく，担当する仕事の種類も幅も少ない高度なルーティン
ワークを担う専門職と映りました。

　実際に会ってみたニューヨークのパラリーガルたちは，基本的には何でも受任する日本の法律事務所で働く我々とは，異質な存在でした。扱う業務の幅や内容から見ても，日本の法律事務職員のほうが何倍も優秀ではないかとさえ感じました。今では普通になった法律事務所のIT化や裁判所への提出書類の電子化など，近未来的な状況を見ることはできましたが，法律事務職員に関しては，日本に持ち帰って参考にできるような要素は見受けられませんでした。このままで「ニューヨークのパラリーガル実態調査を行った」とするのはあまりにも片手落ちで，帰路に就く前からいずれ，「弁護士1人法律事務職員1人のような事務所を訪問して，はじめてこの視察は完結する」とされました。

　その2年後。小規模事務所の実体を確認するため，全国の法律事務職員たちと，弁護士2名，大学教授1名を含む総勢11名の私設視察団を組んで，1人弁護士の事務所を4カ所，弁護士20名までの中規模事務所を2カ所，500名の大規模事務所1カ所を視察しました。加えて，ニューヨーク州とニュージャージー州のパラリーガル協会をそれぞれ訪問して，法律事務職員同士の国際交流も行いました。日本の標準に類似した視察先を回ったことで参考になる点が多く，また，当時の日本ではまだ珍しかった，全く法律事務職員を雇用していない弁護士にも会うことができました。

　これから書かれる内容は，報告書でも論文でもなく，2013年初夏のニューヨークで私が見聞きしたこと，出会った人たち，法律事務職員として感じたことです。

2 アメリカにおけるパラリーガルの存在

(1)　パラリーガルとは

　2回も視察に参加したのですから，ニューヨークのパラリーガルのことを少し紹介します。アメリカでは，日本における行政書士や司法書士などの隣接士業がなく，その職域もすべて弁護士業務とされます。そのため，例えば，不動産売買契約の締結や，移民手続，申告書類の作成，各種申請手続というような依頼も当然のように法律事務所に持ち込まれます。これらの業務は多くの書類を調える必要があり，かつ定型的である事が多いため，主にパラリーガルが主体となって業務にあたる分野とされています。また，相続事件における相続財産の確定などの分野も同様に，彼らが活躍する仕事とされていました。

　パラリーガルが数多く所属するような事務所では，業務は細分化されており，コピー取り・定型書式の書面作成・書類整理やファイリング・パソコン関連の技術管理・テープ起こし・請求書発行業務などを，それぞれ専門に扱うスタッフがいました。もちろんそのような業務にパラリーガルは一切関与しません。そんな彼らの主な業務は，クライアントとの打ち合わせに同席してメモを取ったり，調べ物や資料の分析，簡単な書面の起案を担当することでした。

　法律事務所において，弁護士でしか携われない弁護士業務があり，各種業務は担当スタッフが行い，その残る部分。それがパラリーガルの職域でした。だから彼らと初めて会った時の正直な感想は「それしかしてないの？」でした。ただ，弁護士とともにクライアントと近いところで仕事をしているという印象は受けました。なお，有能なパラリーガルは，経営者弁護士から「若手弁護士と同等若しくはそれ以上の仕事をする」と認識されており，また，経験を積んだ

パラリーガルは「シニアパラリーガル」という役職にあって，若手弁護士の教育係であると同時に相談役であり，時にはきちんと仕事が出来ているかを監視する監督役も務めていました。

(2)　彼らが活躍する理由

　2013年の視察でも，初めて会ったときと変わることなくニューヨークのパラリーガルはとても自信に溢れた存在でした。その自信たっぷりな彼らの様子を，私は，パラリーガルという職業がアメリカで社会的に認知されていることや，彼らが高学歴を持っていること，また，巨大ローファームに於ける経営者弁護士を頂点とするピラミッドのなかで，雇用弁護士の次に位置していることが，その主な理由だと理解していました。しかし2回目の視察先で，それ以上に大きな理由があることに気がつきました。

　それは，当然に弁護士の指揮監督下ではあるものの，彼らは自分の行った仕事に自らの名前をサインして，クライアントに費用を請求することができました。つまり，事務所の利益に自分の業務が直接的に資する場面がある——このことが業務に対する絶対的な自負となって，私には日本の法律事務職員とは違った，自信に溢れた存在に見えたのでした。ごく一部の限られた業務しかしない存在であるのに。

　ある大規模事務所でインタビューした際に，経営者弁護士に仕事を依頼すると，時給換算して＄400〜＄800，雇用弁護士の場合では，＄225〜＄400，パラリーガルが担当するのであれば＄100〜＄300と，誰に依頼するかで費用に雲泥の差があると聞かされました。時間が経過して物価が変動しても，この比率は今でも変わらないのではないかと思います。

　クライアントは，訴訟の依頼でなければ当然，費用が安いパラリーガルを選びます。事務所側も経営戦略として，例えば「訴訟部

門は弁護士で，不動産売買に関する不動産部門はパラリーガルでどうぞ」というように，より多くの顧客にそのニーズや予算に見合った良質な法的サービスを提供できるという利点があります。

　アメリカにおいて，パラリーガルという職業が確立して活躍している理由のひとつには，ひとえに多数の弁護士が激しい競争のなかで仕事をしている状況と，そのなかで勝ち抜くために，クライアントの「経費を抑えたい」という要望に応えた結果だと言えるでしょう。

⑶　パラリーガルになるためには

　日本の法律事務職員と大きく違うことは，大学や専門学校などに，パラリーガルになるためのプログラムが幾つか用意されている点でした。でもそれは唯一無二のコースではなくて，実際にそういった教育を受けて事務所に採用される人がいる一方で，秘書として入所して，本人のやる気や才能を買われてパラリーガルになったという人もいました。しかし採用する側は，そうした研修やその履修をさほど重要とは考えていないようでした。つまり，採用した人材には，その事務所の業務のやり方を経験しながら学ぶ，「オン・ザ・ジョブ・トレーニング（以下，「OJT」と表記します。）」で仕事を教えれば良い，とされているからでした。パラリーガル採用の際に必須条件になっている四大卒という学歴は，そのための基本的能力の担保なのでした。確かに実務となれば，「うちの事務所のやり方」を覚えてもらうことが最優先事項でしょう。

　そんなわけで，所内研修が充実しているのは大規模事務所だけで，大多数の事務所では，研修よりも OJT がスキルアップの近道であると考えられていました。ただ，パラリーガルとして就職した後に，知識を深め，もっと高度な仕事がしたいと考えれば，事務所の外に数多くの実用的な研修プログラムやメニューがありました。それら

を事務所のサポートを受けて受講することは一般的なようで，法律事務職員が学ぶという視点では，日本よりはかなり先進的な印象を受けました。

③ 法律事務職員が学ぶということについて

　視察中どこの事務所でも，「法律事務職員の教育に有効なのはOJT」「OJTが力をつける一番の近道」と，異口同音に聞かされました。最初は納得したものの，次第に，事務所内のOJTだけに留まると単なる技術の習得に満足して，一度理解したことは，深く何度でも学ぼうという発想は起きにくいのではないか，とも思いました。

　さて，「法律事務職員が学ぶ」ということを考える時に，私は，遺産関係を専門に扱う事務所で出会ったTさんという日本人女性を思い出します。そこは，全米19カ所に事務所を構え，所属弁護士は約500人。そのうちニューヨークに居るのは50人ほどで，スタッフの総数は全米で約500人という「中規模程度の事務所」で，彼女は私たちのインタビューに参加してくれました。

　まずは静かな語り口で，ドラマのシナリオのような彼女の経歴を聞き，ただただ「凄い人がいる！世界は広い！」と素直に感動したことを覚えています。

　Tさんは日本で一般企業に就職して約10年間勤務した後，法律事務所に入所します。そこで2年間の実務経験を経て，今度は，リーガルアシスタントとしてアメリカの法律事務所に入ります。その後は，パラリーガルになって働きながら，業務後には夜間大学に通って，1996年，ニューヨーク州の弁護士資格を取得するのです。資格取得してから2，3の法律事務所に勤め，現在の事務所でパートナー弁護士として立派に経営に参画していました。

　次に，彼女自身が，「学ぶ（または学べる）環境をどう整えてきたか」について語ってくれました。まずは，「私は学びたい」という周囲への働きかけが第一歩で，学ぶ環境を整えることに事務所に協力してもらうのだと言いました。彼女の場合は，夜学に通えるよう勤務時間に配慮してもらったり，勉強に必要な高価な本を購入してもらったとか。その前提として弁護士との信頼関係がとても重要，とも話していました。援助を受けるからには，自分もいかに事務所に対して貢献するかは常に意識して働いたそうです。

　「そんなことをやれるんだ！！」まさに驚嘆でした。それまでの私は，事務所に自らの要望，ましてや自らのスキルアップのための要望を伝えるなど，考えたことすらありませんでした。弁護士の指示どおりの仕事をする，それを「言われたことができればベスト」と考えていたからで，弁護士に対して法律事務職員の私が何か要望を言うのは，おこがましいことと決めつけていました。でも，Ｔさんに会って，法律事務職員も事務所に貢献しようと考えて「学んで自らを向上させることや，事務所の利益になることを弁護士に提案すること」は，やって良い，むしろ法律事務職員がやるべき必要なことなのだと，強く背中を押されました。また初めて，事務所における私の存在意義や，事務所に貢献するという視点について考えました。

　Ｔさんが事務所にとって投資する価値がある法律事務職員，辞められては困る法律事務職員であった，というだけの話なのかも知れません。でも私は，そんな存在になりたい！

　高揚感と焦燥感が入り交じるなかで，この時強くそう思ったのです。

4　事務所経営という視点

(1)　チームワークの重要性

　Tさんの影響もあって，これまでは経営者弁護士だけが考えて実践すれば良かった事務所経営について，私たち法律事務職員も参加して，事務所全体で考えるべきだと思うようになりました。

　ニューヨークのある事務所の弁護士は，「法律事務所はクライアントへのサービス企業であり，そのサービスは事務所全員のチームワークで提供されるべきものである」と述べ，そのためには，「事務所内の人間関係がとても重要になる」と力説しました。事実，高い能力を持った人でもコミュニケーションがうまくいかないと，次第に仕事に支障を来すという指摘もありました。これらの視点から，事務所経営を円滑化し利益を上げるためには，弁護士と法律事務職員，あるいは法律事務職員同士が，クライアントに「より良い法的サービスを提供する」という同じ目標に向かって，互いへの信頼を基本としたコミュニケーションを密にする必要があると言えます。

(2)　ネットワークの構築と顧客獲得の方法

　ニューヨークの弁護士たちは，執筆や講演などで露出を増やすことや，様々な集まりに積極的に参加している印象でした。これは直接的な営業活動であると同時に，取り扱い業務を"専門"と称して特化するため，専門ではない分野の相談になった場合は，その専門分野の弁護士に紹介したり，得意とする弁護士と共同受任するために，より多くの人に繋がるネットワークが必要になるからでした。パラリーガルのネットワークも事務所の業務に積極的に利用されるため，彼らも弁護士同様に意識して様々な集まりに参加していました。

49

　そんな彼らも結局，業績を良くするためには「"クライアントにとって満足のできる良い仕事"を提供する事が全てである」と言いました。結果に満足したクライアントは，また問題を抱えたときに依頼に来るでしょうし，同時に良い評価を他人に口コミという形で発信してくれるので，そこから新たな依頼者を獲得できます。その顧客にまた満足してもらえる仕事を提供すれば，更に高い評判が広がり業績が上がり，そこに働くスタッフは経済的な評価を得るので，更にやり甲斐を持てるというプラスの連鎖が生まれるのだ，と。当然と言えば当然のことです。

　今後の日本においては，これまで以上にクライアントの獲得が熾烈な競争になるでしょう。狭いニューヨークと同じように，法律事務職員も事務所経営を意識した広い視野で業務にあたるべきではないだろうかと考えました。

⑤ 一人弁護士の存在

⑴　ニューヨークは特殊な場所

　小さな半島のなかの「ミッドタウン」という狭い地区に，日本全国とほぼ同数の弁護士がいて，そのうち約半数は弁護士1名から5名の事務所規模で激しい顧客争奪戦を繰り広げています。それがニューヨークでした。スタッフを全く持たない「一人弁護士」は，ニューヨークでは希有な存在ではありません。視察当時の日本ではまだ珍しい存在だったため，たった一人でどんな業務をしているのか……およそ良い想像はできなかったのですが，なかにはかの"エンパイアステイトビル"に事務所を構えている弁護士もいて，決して「ジリ貧で訳ありの弁護士」ではありませんでした。

　エンパイアステイトビルに入居していた弁護士は，事務所として

15畳くらいの個室を持ち，他の事業所と，共有スペースと電気ガス水道などの施設をシェアし，共同の受付スタッフを雇用して業務をしていました。その受付スタッフは，かかってきた電話をその事業所に繋ぐだけであり，事件内容や顧客の把握は一切せず，伝言を受けることもありませんでした。

　法律事務職員がいなくても弁護士業務はできます。でもそれはニューヨークという特殊な場所で，専門分野に特化した経営を行っているからこそ可能なのだと，このとき思いました。事務所スタッフを雇用していない理由は，経済的なもの。過当競争のなかでは，常時雇用を継続できるだけの利益が上がるかどうかは非常に不透明なのでした。確かに，「E-ファイリング」と称される，定型的な申立はフォームに入力しPDFファイルを添付して提出する，という手続きが広く普及しているため，IT化に長けている弁護士は，パソコンと携帯電話さえあれば，スタッフを雇用せずともそれほど支障なく見えました。

⑵　弁護士Dとの出会い

　そんななか，強烈な印象で法律事務職員の将来像にヒントをくれたのは，チャイナタウンにいた弁護士Dでした。彼も経済的な理由から一切のサポートスタッフを持たず，パソコンと携帯電話だけで仕事をしていました。彼が，自分は普通の弁護士とは違う，と前置きしたうえで語ったパラリーガルについての見解は，「パラリーガルは，大事務所やウォール街で活躍する企業で重宝がられる優雅な存在であって，多くの法律事務所では不用」でした。また，「クライアントが求めているのは，常に弁護士の見解やアクションなのだから，その間にパラリーガル（アシスタントや秘書も）が介入して『後から弁護士に電話させます』というのはナンセンスなのだ」とも。ニューヨークでは特に迅速性が求められているからでしょう。

また，スタッフやパラリーガルを使う弁護士を皮肉って「クライアントから逃げるのはよろしくない」とも述べていました。自分は，クライアントの要望やクレームなどを直接確認したいのでスタッフがいなくても良い，という理屈でした。私には若干，強がりにも聞こえましたが。

　彼は，法律事務職員や弁護士がスキルを身につけるには，OJTしかないと言いました。「自分はこういう世界に24歳で突き落とされ，必死でやって泳げるようになった。"シンク・オア・スイム"だった」と。沈むか泳ぐか一か八かという言葉に，思わず膝を叩きました。私は今でも「沈みたくなければ泳げ」と解釈しています。そして彼は，地域で太い人脈を持つ社長に泳ぎ着き，意気投合したことでその口コミから数多くのクライアントを獲得するに至ります。「この先，経済的な余裕ができたら？」という質問を投げかけると，今は一人弁護士の彼も「将来，そうなったら若手弁護士ではなく，アシスタントを雇い入れたい」と述べました。「じゃあ，どんなスタッフが良い？」に対しては，弁護士といわゆる"同一言語"が扱えて，クライアントと直接話をさせたい，話をさせても大丈夫な人。ゆくゆくは大きなクライアントの専属を任せたい，とさえ考えていました。

　彼に限らず，一人弁護士は「経営的に安定したらスタッフを雇用したい」「スタッフが居たら業務が効率化するだろう」「雇用するならまず，経験のあるアシスタントで次に若手弁護士」などと述べました。私は，内心ほくそ笑みながら，きっと日々忙殺されているからこその本音なのだろうと思いました。一人弁護士へのインタビューは，法律事務職員の進むべき将来に大きな希望を与えています。

　弁護士Dの事務所を出る際に，小さな男の子を連れたクライアントが来訪しました。

　10年前からニューヨークでチャイニーズレストランを経営している，という30代の女性でした。マンハッタンでは大家の権限が強くて，弁護士を立てて交渉しないと法外な請求をされたり，不利益な条件を押しつけられるのだとか。「弁護士Dを紹介して貰って本当に良かった。頼りになる」と，すごく感謝していて，その横に立っていた彼はずっと笑顔でした。

　「良かった」「頼りになる」……結局このコメントのために弁護士が頑張り，法律事務職員がそれを支えるというのが法律事務所なんだろうなぁと思いました。皮肉にも，法律事務職員を置かずそれに対して肯定的な彼の事務所で，法律事務職員の将来についての指針を得た結果となりました。

6 最後に（法律事務職員の専門性）

　今後の日本でも，自らITツールを使いこなして事件処理をする「一人弁護士」はさらに増加するでしょう。しかしながら，それを理由として「だから法律事務職員はいらなくなる」という単純な図式には至りません。何故ならそもそも，法律事務職員は事務所の業務において"弁護士業務ではない分野"を多岐にわたって担っているからです。因みに，ニュージャージー州のパラリーガル協会で，視察団の一人が「弁護士にお茶を淹れる」と言ったら，激しく頭を振りながら「何でそんな事をするのか？」「自分でやれば良いのに！」と全く理解されない場面があり，日本の法律事務職員全員で失笑したくらいです。

　一人弁護士も，ずっと一人でありたい人は少なく，若手弁護士よりもまずスタッフが欲しいと言いました。頭がよくて気が利く人。それは，常識があって，一定の能力を持っていて，仕事を効率よく正確に処理できる人。加えて，クライアントに対しては当然のこと

ながら，身近な事務所内にいる人々にも配慮ができる，そんな人を。

　弁護士が，本来行うべき弁護士業務である，クライアントと丁寧に向き合って正確で迅速な事件処理を行うことや，社会正義の実現のための諸活動に力を注ごうと考えるならば，当然，それ以外の時間は省きたいと考えるでしょう。だから，弁護士の時間を創り出す法律事務職員は，法律事務所に必要な存在なのです。但しこれには条件があって，漫然と業務を行っていては淘汰されても仕方がない，と私は思います。法律事務職員が自分の時間を生み出してくれないのであれば，弁護士にとって法律事務職員を雇用するメリットはないからです。弁護士同士の競争が熾烈なのですから，そこに一番密接に繋がっている法律事務職員も激化した競争に晒されて当然なのです。

　だからこそ，法律事務職員は将来も絶対合理化されない分野である，自らの専門性に磨きをかけます。法律事務職員が発揮するコミュニケーション能力や，習得されている雑多な手続の知識や経験，パソコンや事務機器に対するスキル，法律事務職員自身のネットワーク，これらは，「法律事務職員の専門性」と呼べる強みです。数多くの引き出しを持った法律事務職員ならば弁護士に対して寄与し，事務所になくてはならない存在になります。

　この10年間がそうであったように，将来も日本の法律事務職員は，ニューヨークのパラリーガルのように，その行った業務に対して直接，クライアントに費用を請求する事はないでしょう。それは決して残念なことではありません。あくまで弁護士の補助職という日本流は変わらず，この先も日本独自の進化を遂げると思います。

　自らのスキルアップに努め，弁護士の時間を創り出す法律事務職員を，信頼してもっと任せてみてください。今，目の前にいる法律事務職員は，ニューヨークのパラリーガルより何倍も優秀です。

幕間

　「法律事務職員の方が，アメリカまで行って，自分たちの仕事について考えるって，すごいですよね。そこまで大きな視点で考えたことなかったです。」と，小早川がため息交じりに言う。

　「話しぶりも面白くて，思わず聞き入ってしまったね。」と毛利が言う。

　「私，今度からお茶淹れてと言われたら，頭振って拒否しますね（笑）」と小早川が言う。（いや，淹れたことないよね……）毛利は心のなかで思ったが，言葉にはしなかった。

　「先生，そこは淹れたことないだろ！　というところですよ。」と小早川が一人で突っ込みをいれている。

　「それはそうと，パラリーガルの仕事の料金をクライアントに請求するって，文化の違いを感じるね。」わが国ではあり得ないことだ。と毛利は思う。

　「大学や専門学校にパラリーガルコースがあったり，パラリーガル協会などがあったり，その点も大きく違いますよね。」小早川も言う。知る限り，大学に法律事務職の専門課程があるなんて聞いたことはない。

　「アメリカでは行政書士などの資格が細分化されていないという話もあったけど，そういう成り立ちの違いがあるのかな。」毛利が言う。

　「パラリーガル活躍の文化的素地もあり，教育課程も用意されているのに，結局教育はOJTというのも面白かったですね。」小早川も言う。

　「まあ，弁護士だって，司法修習とかあるけど，実際の経験に勝るものはないわけで，そういう意味ではOJTしかないんだろう

ね。」と毛利は言う。「でも，法律事務職員も，体系的に法律や職業倫理を学ぶ機会があってもいいよね。」

　毛利と小早川が話していると，檀上に，再び平岡弁護士が登場した。ざわめいていた会場が徐々に静かになる。

　「さて，次は法律事務職員の育成について，JALAP（ジャラップ）の事務局長鈴木寿夫さんにお話しいただきます。JALAPは，日本弁護士補助職協会の略称であり，法律事務職員の能力・知識・資質の向上を通じて，法的サービスの向上を目指す法律事務職員の団体です。2014年に設立し，2021年から私が代表理事を務めさせていただいております。では鈴木さん，よろしくお願いします。」

第4 法律事務職員の育成と日弁連能力認定制度等の活用

一般社団法人日本弁護士補助職協会（JALAP）　理事・事務局長　鈴木　寿夫

1 はじめに

　法律事務職員を育成しその能力を弁護士業務にいかに活用するかを考える際に，まず念頭に置きたいのは，日弁連の法律事務職員能力認定制度に基づく研修と試験の存在です。法律事務職員能力認定制度は，日弁連が法律事務職員の育成システムの中核として制度化したもので，そこで求められる能力は，法律事務職員としてのナショナルスタンダードと言っても過言ではないからです。

　私は法律事務所の事務職員の立場で，30年以上にわたって法律事務職員研修に携わってきました。日弁連のほか，東京弁護士会，第二東京弁護士会他いくつかの弁護士会の主催する法律事務職員研修の講師を務め，法律事務職員能力認定制度発足後には，日弁連補助職制度推進小委員会（当時。現法律事務職員関連小委員会）の協力法律事務職員として，同小委員会の先生方とともにこの能力認定制度の維持と発展に取り組んできました。

　また同小委員会の活動を補完しつつ，法律事務職員の能力向上に主体的に取り組む組織として，弁護士委員及び他の協力法律事務職員とともに2014年に「一般社団法人日本弁護士補助職協会（以下JALAPと略称する。）」を設立し，現在はその理事及び事務局長を務めています。

　JALAPは，法律事務職員の能力・知識・資質の向上のための活

動を通じて，高質で適確な法的サービスの提供に資することを目的に設立されました。

具体的な事業として，法律事務所の事務職員の能力向上をはかるための様々な活動を行っていますが，日弁連能力認定制度を支え発展させることも柱のひとつに位置づけ，上記小委員会の活動にも積極的に協力しています。

また日弁連能力認定制度研修のテキストをはじめとした法律事務職員向けの実務書を発行し，能力認定試験合格者の交流と合格者向けの上級研修の実施等の活動もしています。

これらの活動の経験から，弁護士業務における法律事務職員の活用を考えるのであれば，まず雇用する法律事務職員を能力認定試験に合格する水準まで育てることを，第一段階の目標として位置づけるべきであると考えます。

そのことをご理解していただくために，この能力認定制度の概要と試験に合格した法律事務職員の能力についてまず紹介したいと思います。

2 能力認定試験合格者の実情

(1)　能力認定試験の概要

日弁連法律事務職員能力認定制度規則及び細則に基づく研修と試験は，法律事務職員の能力向上を目指し2008年（試験の第1回は2009年）より日弁連が実施しているものです。

何度か制度の改革がなされていますが，2022年現在の制度の概要は次のとおりです（なお，詳細は日弁連ホームページをご参照下さい。）。

ア　研修

能力認定制度の学習事項とされている基本研修8科目，応用研修

7科目の合計15科目の研修講義がライブラリ化され日弁連ホームページから申し込むことによりE-ラーニングで受講できます。

　基本研修科目は必修科目的な位置づけで，すべての法律事務職員に必要な知識を学ぶもの，応用研修科目はより細分化された専門分野の研修で必要に応じて学習する位置づけになっています。

　なお，学習事項に含まれていない専門分野の講義や新人の法律事務職員の育成用の初級研修4科目の講義もライブラリ化され，法律事務職員が受講することが可能となっています。

イ　試験

　法律事務職員を対象に日弁連により1年に1回，全国の試験会場で一斉に実施される試験で，2021年までに13回行われています。前述の15科目の基本研修・応用研修の学習事項が出題範囲とされており，4択60問の設問が出題されます。その60問を2時間で解答し，合格には約7割の正答が必要とされています。合格率はその年によって変わりますが，概ね受験生の5割前後となっています。

(2)　能力認定試験合格者の意識と業務の実態

　JALAPでは，2015年に岡山で行われた日弁連業務改革シンポジウムの報告に合わせて，合格者に対し意識や業務実態等のアンケート調査を行っています。短期間での実施でサンプル数も少なく，また今日では調査からすでに7年が経過していますので少し古いデータになりますが，それでも合格者の状況や意識傾向をある程度把握することができます。

ア　合格者は何を期待して研修や試験を受けたか

　「あなたが能力認定試験を受験した最も大きな理由は何ですか」との問には，55.2%が「自分の知識や到達点の確認」と答えています。次に多いのが「法律事務職員の社会的地位の向上のため」（27.6%）で，「待遇面での期待」（1.1%），「転職等に有利と考えた」

（3.4%）という，いわゆる実利的な理由は驚くほど少ない結果でした。

　能力認定試験については，80%の者が一応満足しており，83.3%が合格したことを「よかった」と評価しています。しかも，合格したことにより待遇面で変化があったものは1割に満たないにもかかわらず，逆に94.4%の合格者は後輩の法律事務職員にも研修の受講や受験を勧めています。

　「研修や試験がどのような面で役立ったか」との問に対しては，「実務に役立った」「未経験分野の学習」「経験したことの整理・体系化」が65% ～ 70%の回答を得ていることと合わせて考えると，法律事務職員として自らの仕事に誇りを持ち，勤勉で，向上心にあふれた合格者の姿を思い浮かべることができるでしょう。

イ　合格者はどのような仕事を行っているか

　次に日常的に行っている業務を尋ねた結果は次のようになりまし

合格事務職員の日常業務

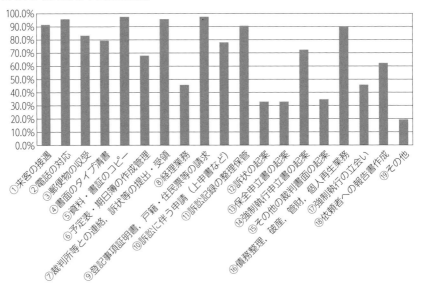

た。

　特徴としては，書面の作成について担当しているとの回答がかな
り比率が高く，例えば強制執行申立書の起案については，70％以上
という高い比率になっています。執行申立書については，上申書等
に比べるとかなり専門的な知識が必要となりますので，法律事務職
員の平均的な業務とは言えませんが，訴状等に比べるとかなり定型
化され，ある程度の知識のある法律事務職員であれば十分起案でき
る，正に合格法律事務職員に適した実務であると言えるでしょう。

　それでは，実際にどのような書面を合格者は作成しているので
しょうか。

　過払金請求の訴状，送達に関する上申書，証拠説明書，裁判上の
担保の供託書，担保取消申立書，破産申立時の債権者一覧表，個人
再生事件の弁済計画案等は70％以上の合格者が作成に関与してい
ます。

　もちろん最終的なチェックは弁護士が行うでしょうが，かなりの

書面の作成

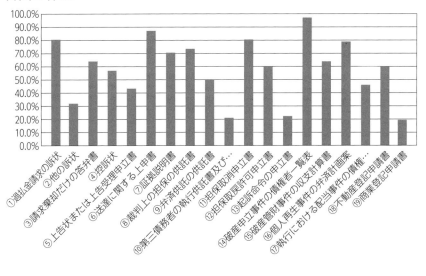

専門的な知識を必要とする書面の作成に実際に関わっていることが分かります。

③ 能力認定試験合格法律事務職員の有用性

(1)　能力認定試験で求められている能力

　能力認定制度による研修で学び試験で試される能力は，手続的な実務面で弁護士が信頼し，ある程度の包括的な指示に基づき業務を任せることができる水準であると言えます。

　具体的には，

① 　弁護士の指示や意図がわかる程度の基本的な法律知識を持つ。

② 　定型的な実務をこなし書記官や他の役所の公務員等と対等に話ができる。

③ 　手続きの流れを理解し，ある程度先を読むことができる。

④ 　疑問があれば専門書や六法等で自分でも調べることができる。

　というようなことが求められる水準となります。

　研修についての学習範囲や講義の録画，試験問題等は日弁連ホームページでも見ることができますが，かなり広い範囲の専門的な内容も含まれています。

　また試験は，単純に知識を問うものではなく，法律事務職員として実務に関わることを想定した出題が多いのも特徴です。

　特に，書記官の権限や書記官が実務的に大きな役割を果たす分野，例えば民事訴訟では「訴状の形式的な記載事項」，「管轄や訴額」，「送達」等，他の分野では「民事保全」や「民事執行」，「破産・個人再生」など，それから裁判外ではやはり形式的審査となる「登記・供託」等の分野では，実務的な問題が多くなっています。

　これらは，いずれも形式的，定型的で，法律的な判断を伴わずに

処理できることも多い分野です。能力認定試験合格者にはそのような実務を担当するに適した能力が求められていると言えます。

先ほど紹介した「合格者の行っている日常業務」や「作成にかかわっている書面」の回答から，実際に行っている業務についても同じ傾向を読み取ることができます。

(2)　合格者には実際に何ができるか

それでは，合格者には実際にどのような分野で，何ができるのか，もう少しアンケート結果を見てみましょう。

建物明渡請求事件，相続事件を例に，各項目の実務について，「A実際に行っている。B行ってはいないができると思う。C難しいと思う。」の三つのなかから回答してもらいました。

Aの「実際に行っている」とBの「できると思う」の合計で見ると，建物明渡請求事件での明渡し強制執行の実質的な関与（下記図表1の質問⑥），相続事件での遺産分割協議書に基づく不動産の相続登記（下記図表2の質問⑤），がそれぞれ一番少ないのですが，それでも70%が行っているか，できるとしており，その他の実務については75%〜100%の高い数値となっています。

図表1　建物明渡請求訴訟の下記の実務について，A「実際に行っている」B「行ってはいないができると思う」C「難しいと思う」のいずれですか。	回答	率
①「必要書類を取り寄せておいて」という包括的な指示で，当事者の資格証明書，不動産登記事項証明書，固定資産評価証明書を揃える。		
A　実際に行っている	57	80.3%
B　行ってはいないができると思う	13	18.3%
C　難しいと思う	1	1.4%
②訴状の訴額の計算をし，管轄をチェックする。		
A　実際に行っている	52	73.2%

B　行ってはいないができると思う	19	26.6%
C　難しいと思う	0	
③訴状原稿と証拠方法を参考に証書を作成する。		
A　実際に行っている	36	50.7%
B　行ってはいないができると思う	24	33.8%
C　難しいと思う	11	15.5%
④被告が既に不在で行方不明の場合に訴状の送達につき書記官と打合せをして，必要な書類の取り寄せや調査をした上，報告書や公示送達の申立書を作成する。		
A　実際に行っている	41	57.7%
B　行ってはいないができると思う	25	35.2%
C　難しいと思う	5	7.0%
⑤判決確定後の執行準備および強制執行の申立てを行う。		
A　実際に行っている	46	64.8%
B　行ってはいないができると思う	16	22.5%
C　難しいと思う	9	12.7%
⑥明渡し強制執行につき執行官や執行補助者・業者等との打合せを行い，強制執行に債権者復代理人として立ち会う。		
A　実際に行っている	32	45.1%
B　行ってはいないができると思う	19	26.8%
C　難しいと思う	20	28.2%

図表2　相続事件おける下記の実務について，A「実際に行っている」，B「行ってはいないができると思う」，C「難しいと思う」のいずれですか。	回答	率
①相続人の確定に必要な戸籍を揃えて相続関係図を作成する。		
A　実際に行っている	66	93.0%
B　行ってはいないができると思う	5	7.0%
C　難しいと思う	0	0.0%
②弁護士作成のメモに基づき遺産分割協議書を作成する。		
A　実際に行っている	29	40.8%
B　行ってはいないができると思う	25	35.2%

C　難しいと思う	17	23.9%
③必要書類を揃えて相続放棄の申述書を作成して提出する。		
A　実際に行っている	50	70.4%
B　行ってはいないができると思う	19	26.8%
C　難しいと思う	2	2.8%
④遺産分割協議書に基づき金融機関の預金の相続手続を行う。		
A　実際に行っている	53	74.6%
B　行ってはいないができると思う	12	16.9%
C　難しいと思う	6	8.5%
⑤遺産分割協議書に基づき添付書類を揃えて不動産の相続登記手続きを行う。		
A　実際に行っている	28	41.8%
B　行ってはいないができると思う	19	28.4%
C　難しいと思う	20	29.9%

　これらのアンケート結果と前述の試験問題の内容等から，具体的な業務において，合格者であれば平均的にこなせると思われる業務を一覧にしたのが**表1**の「能力認定試験合格者に期待できる業務水準一覧表（抜粋）」です。弁護士が合格法律事務職員に事務を指示する際のひとつの目安にと作成したものです。

　もちろんこれらの実務は合格者以外の法律事務職員でも多くが行えるし，現に行っているでしょうが，誰もが行えると期待することはできません。逆に合格した法律事務職員でも必ず全員がすべてこなせるというわけでもありません。目的はあくまで認定試験合格者の平均的な水準として行える業務の目安を提示することです。実際に合格法律事務職員を雇用した際の業務指示の参考になりますし，法律事務職員の育成と活用を考える場合の重要な指標にもなると思われます。

表1　能力認定試験合格者に期待できる業務水準一覧表（抜粋）

主な研修事項	合格レベルの平均水準として期待できる内容	
	求められる実務的な水準	作成（下書）可能な書面等
訴訟準備	戸籍・住民票，登記事項証明，評価証明書等の取り寄せ，記載内容の理解，調査	各種交付請求書
訴状の作成，提出	形式的記載事項，管轄，訴額等のチェック	物件目録等
送達	送達についての書記官との連絡・打合せ	送達に関する上申書，公示送達の申立書等
訴訟書類	訴訟書類の送付，受理，書証の作成	訴訟書類送付書，受領書，証拠説明書
期日管理等	書記官との期日の打合せ，依頼者への連絡	期日請書，期日変更申請書，依頼者への連絡文書
訴訟中の事務	記録謄写，依頼者との連絡等	謄写申請書，連絡文書
訴訟終了	判決主文の聴き取り，判決・和解調書等のチェック	判決確定証明書，訴えの取下書
上訴	上訴期限等の確認	理由追って書きの定型的な控訴状
強制執行の準備	執行文付与（各種），送達証明申請，必要書類の請求	執行文付与申立書，承継執行文，送達証明申請書等
債権執行	基本的な債権執行申立及び取立等	債権差押命令申立書（預金，給料等），取立届，取下書，転付命令申立書
不動産執行	強制競売申立手続，配当要求	強制競売申立書，配当要求申立書
執行官手続	強制執行申立書の提出	強制執行申立書，目録
保全事件の申立	必要書類の取り寄せ，申立準備，申立て	疎明資料の作成，目録の作成，第三債務者の陳述催告申立書
立担保	保証供託手続	供託書，供託委任状
保全執行	必要な目録，郵券，印紙の準備，決定正本受領，必要な場合は執行申立	執行官への執行申立書
執行取消（取下げ），	必要な目録や郵券等を調べ取	保全事件取下書

保全取消	下げができる	
担保取消，取戻し	基本的な担保取消手続	各種担保取消申立書，供託原因消滅証明申請書，同意関係書類
供託及び払渡し請求	担保供託金の払い渡し手続き	供託金払渡し請求署
債務整理	債務整理方法の種類，利息制限法等，受任通知等について基本的な理解	引き直し計算書，受任通知書，定型的な過払金請求訴状の下書
個人破産申立	同時廃止事案の自己破産申立手続き	破産手続開始申立書，債権者一覧表等申立関係書類下書
個人再生申立	申立手続	個人再生申立て関係書類，再生計画案の下書
破産管財	就任直後の事務，債権届出書の整理，期日の準備，配当，終了関係事務	口座開設，基本的な書類の作成，認否表，配当表等の下書き，証明申請
戸籍の見方と取り寄せ	戸籍の見方が分かり，必要な請求ができる	各種戸籍関係書類のの請求書
不動産登記簿	不動産登記制度の基礎的な理解，登記簿の記載内容	各種不動産登記関係書類（登記事項証明書，地図等）の請求署
不動産登記申請	不動産登記の基礎の理解	相続登記等の簡単な登記申請書
商業登記簿	商業登記制度の基礎的な理解，登記簿の記載内容・代表者の理解，閉鎖事項等の調査	各種商業登記事項証明書（閉鎖登記簿も含め）の請求署
家事審判，家事調停	審判の種類，調停の種類の基礎的な理解	家事審判申立書・調停申立書等の下書，調書等の交付申請書，省略謄本の請求署
人事訴訟（離婚訴訟）	調停前置，訴額の算定等	調停不成立の証明申請書，判決確定証明書
離婚成立後の処理（戸籍，登記等）	戸籍の報告的届出についての理解，依頼人に離婚届の提出についての連絡	判決離婚届等，子の氏変更許可の申立書
〃　履行確保，強制執行等	年金分割方法や強制執行についての理解	扶養義務等の定期金請求の債権執行申立書等
成年後見等申立	成年後見申立てに必要な書類	成年後見登記事項証明書等の

	を取り寄せできる	請求署
成年後見人の業務	成年後見業務を理解し，弁護士の指示に従い収支の記録，領収証の保管等ができる	収支の記録，終了登記申請書
相続法と相続	民法の条文の基本的な理解，相続財産，相続分の理解，相続人の調査，必要な戸籍等の取り寄せ	遺産目録，相続関係図の作成
相続の承認，放棄，限定承認	法定単純承認，熟慮期間，相続放棄，限定承認についての理解	相続放棄の申述書，熟慮期間伸長の申立書，限定承認の申立書

4　法律事務職員をどのように育成するか

　多くの弁護士にとって，能力認定試験の合格法律事務職員をいきなり雇えるわけではないでしょうから，新人を雇用したうえで育てるというのが一般的な流れになるでしょう。

　ある程度規模の大きな事務所なら，法律事務職員の育成についての事務所なりのノウハウも蓄積されているでしょうし，先輩の法律事務職員の指導等で自然と仕事を覚えていくことも多いと思います。しかし，少人数の事務所ではなかなかそうはいきません。特に新たに事務所を構えた弁護士が，新人の法律事務職員を一から育てるのは大変なことです。

　ここではそのような弁護士の参考になりそうなことをいくつか紹介したいと思います。

(1)　法律事務職員の育成に焦りは禁物

　弁護士は皆さん優秀です。難しい司法試験に合格しているわけですから当然です。逆に言うと，当たり前のことですが，多くの法律事務職員は弁護士ほど優秀ではないということです。ですので，弁

護士は自分の感覚で法律事務職員が仕事を覚えるスピードを考えてはいけません。

　また新人の法律事務職員は多くは法律については全くの素人です。たとえ大学を卒業していても様々な学部の出身が多く，法学部出身者はむしろ少ないですし，法学部を卒業していても，大学等で学んだ法律知識は，法律事務職員の仕事にはあまり役に立ちません。

　実際に実務に携わっていないと分からない略語や特殊な用語が多いのも法律事務の難しいところです。

　「簡裁に行ってくる」を「関西へ出張する」という意味に受け取ったり，「弁選」を「便せん」と勘違いしたり，というようなことは新人の法律事務職員なら日常茶飯事です。

　そのような新人の法律事務職員が，最初は単純な作業から，徐々に複雑で高度な法律事務の補助業務まで少しずつ仕事を覚えていくのが通常の法律事務職員の成長の姿になります。ですから当然時間がかかります。

　能力認定試験に合格する水準までは，３年から５年くらいかけて成長していくものだと考えていただくのが良いと思います。

　「前に説明したはずなのに理解していない」とか「聞く前にどうしてもう少し自分で調べられないのか」というように不満に思うときには，「自分の教え方に問題はないか」あるいは「期待しすぎているのではないか」と思い直していただくほうが良いと思います。

　もちろんなかには，覚えが早く優秀に思える法律事務職員もいます。まれに能力認定試験も１年以内の経験で合格する方もいるくらいです。

　しかし，優秀だと思った法律事務職員が大きな失敗をして伸び悩む一方，覚えが悪いと思われた法律事務職員が，ある段階を過ぎて急激に成長することも多いのです。将来的にどちらが優秀な法律事務職員になるかは実は短期間では分かりません。それが法律事務職

員の仕事の面白いところです。

⑵　器用な法律事務職員が犯しやすい失敗について

　重要なことなので，器用で覚えが早く優秀に思える法律事務職員が犯しやすい失敗について少し述べておきます。

　多くの法律事務職員は実際の経験に基づき仕事を覚えます。実際に行っている実務の根拠や理屈を理解するようになるのはかなり先になってからのことで，優秀に思える法律事務職員であってもそれは変わりません。

　しかし，もの覚えが早く，記憶力が良ければ，実際に経験したことをよく覚えていて，また似た手続きも多いのである程度応用も利かせることができます。

　弁護士も優秀だと思い，どんどん仕事を任せますし，本人もできると思って積極的に取り組むようになります。実はそこに落とし穴があります。

　法律事務のなかには，よく似た実務なのに重要な点が異なるというものもたくさんあります。経験を積めばそれも徐々に分かってきますが，経験が浅いとその違いが分かりません。

　請求異議に基づく強制執行停止決定申立の担保を供託することになりました。保全事件等の供託を何度か行ったことがあったので，法律事務職員に供託書を作成するように指示したところ，すぐに作成して，ざっとチェックしたところ問題なさそうです。そのまま供託をしたうえで裁判所に提出し，停止決定正本をもらうように指示しました。ところが，供託が終わり最終的に裁判所に提出する段階で，供託書記載の法令条項が違っていることを書記官に指摘されることになりました。以前経験した控訴にともなう強制執行停止決定申立の際の供託書を参考に同じ法令条項を書いてしまったことによる誤りでした。

　これはもちろん法律事務職員のミスというよりは弁護士に責任があります。優秀だと思っていたためについ任せきりにし，チェックも甘くなってしまったのです。法律事務職員がミスを犯したというよりは，弁護士が犯させた誤りというべきなのでしょう。

　逆にそこまで自信の無い法律事務職員は，分からない点はいちいち弁護士に聞きますし，弁護士も細かなところまで自分でチェックしますのでそのようなミスが起こりにくいのです。

⑶　「裁判所で書記官に聞け」「法務局で担当者に聞け」はどうなのか

　弁護士も細かな実務はその場ですぐには分からないことが多く，また忙しいので，聞かれるたびにそれを調べて教えるという余裕が無いことが多いと思います。

　そこで，裁判所の担当書記官や登記や供託等の仕事であれば法務局の登記官や供託官に聞いて処理するように指示したりすることがあります。

　しかし，聞くほうがある程度理解していて的確な聞き方をしないと，正しい答えが得られないこともたくさんあります。また書記官等も人間ですから忙しいといちいち親切に教えてはくれません。「法律事務所の事務職員なのにそんなことも分からないの」「弁護士さんにちゃんと聞いて出直しなさい」などと言われることも結構あります。弁護士には怒られ，書記官には馬鹿にされ，悲しい思いをしながら少しずつ成長していくのが法律事務職員なのです。

　かなり昔のことになりますが，今のようにインターネットが普及する前に「パソコン通信」と呼ばれるサービスで「法律事務職員向けの掲示板」があり，様々な愚痴や実務交流がなされていたことがありました。

　あるときにその掲示板にひとつの書き込みがなされました。

　「根抵当権者から債権譲渡を受けた依頼者の名義に根抵当権の移転登記をすることになり，登記申請書を作成して提出しに法務局に行きました。不備がないか一応登記官に見てもらったら，これでは登記できないと言われてしまいました。弁護士は登記を急いでいたので，どうすれば今日申請できるかと粘ったら，登記官が『原因を債権譲渡ではなく譲渡にすれば登記ができる』と教えてくれました。弁護士にその旨電話で報告したら直して提出して良いということになり，無事に申請することができました。皆さん根抵当権の移転は債権譲渡ではなく譲渡が原因になりますので覚えておいて下さい。」というようなものでした。

　もちろん，これは事務処理としてかなり大きな問題を含んでいます。まあ弁護士が自分の判断で正しい事務処理よりは早さを優先したのだろうと想像はつきましたが，多くの法律事務職員に誤解を与えたままにするのはまずいので，私はすぐに次のようなコメントを入れました。

　「根抵当権登記が債権譲渡を原因として移転ができないというのは元本が確定していないからです。元本が確定して始めて債権額が決まり債権譲渡が可能になるわけですから，先に元本確定の登記をして，そのうえで債権譲渡を原因とした移転登記を行うというのが，この場合の本来の登記手続きになります。単純な譲渡を原因とした根抵当権の移転というのは，例えば貸主の金融機関等から，別法人に根抵当権の契約そのものを引き継ぐような場合のもので，根抵当権の枠そのものを移転することになるので全く別のことになります。今回の○○さんの処理については，弁護士の判断で行われているわけなので，おそらくそれなりの理由があるものと思いますが，一般化できる内容ではないのでご注意下さい。」

　このケースで，当該の登記官ももちろんそんなことは承知のうえでしょうからなぜこのような誤ったアドバイスをしたか分かりませ

ん。しかし，どうすれば登記できるかと問われたので，多分「形式的には譲渡にすれば登記はできる」と答えたのでしょう。それでも「それで良いかどうかは弁護士さんとよく相談しなさい」くらいのことは言っただろうとは思います。

　電話を受けた弁護士がどのように判断したのかは分かりませんが，少なくとも，書記官や登記官等に安易に頼らずに自分なりにきちんと調べて法律家としての判断をしたうえで法律事務職員に的確な指示をするべきでしょう。

⑷　相談できるベテランの法律事務職員を作ること

　弁護士と1対1の法律事務職員が一番困るのは，身近に相談できる人が一人もいないことです。もちろん，本来は分からないことがあったら弁護士に聞くのが正しいわけですが，弁護士が忙しくしているので聞きにくいですし，「こんなことも分からないのか」と思われたくないということもあるので，なかなか聞けないというのが実情です。

　各地の法律事務職員会や労働組合等で法律事務職員同士のつながりがあると，このようなときにとても役に立ちます。自分の事務所の法律事務職員が他の事務所の法律事務職員と知り合いになることを嫌う弁護士さんもいますが，法律事務職員同士のつながりというのは，仕事の面でも，精神的なサポートの面でもとても重要です。どうか毛嫌いしないでいただければと思います。

　また，私の勤めていた事務所は法律事務職員が10名以上いる比較的規模の大きな事務所でしたが，事務所を独立した弁護士のなかには，自分の雇った法律事務職員を1週間ほど研修に通わせる人もいました。

　実際に一緒に仕事をしながら教育できるだけでなく，研修期間が終わってからも分からないことがあると電話で気楽に相談できる関

係になるのが大きなメリットになります。

　知り合いにそのようなことを頼める事務所がない場合には，例えば定年等で今は退職している元法律事務職員を，一定期間教育係として雇うことでも同様の効果が得られると思います。

　JALAPの会員のなかにも，すでに退職して年金生活をしている元法律事務職員も大勢いますので，協力を得られるかもしれません。会員に求人情報等を知らせることはできますので，遠慮無くお問い合わせ下さい。

(5)　研修参加の奨励

　法律事務職員向けの研修会が日弁連の他，多くの弁護士会や各地の法律事務職員会等で行われています。ぜひ時間を確保し，費用を負担してあげ，積極的に参加させることです。直接その場で新たな知識を得るだけでなく，講師を務めるベテランの法律事務職員も多いので，そのような先輩法律事務職員の姿を見ることによって自分の将来の目標を持つことにもつながりますし，同じように向上心を持って勉強している他の法律事務職員の存在からも刺激を受けることになります。

　なお，日弁連では前述の基本研修，応用研修の他に下記4つの初級研修講座が法律事務職員向け研修のライブラリに収められていて，日弁連ホームページから申し込みをすれば，法律事務職員が無料でインターネットを通じて受講できるようになっています。

　　①　「裁判制度の仕組みと民事訴訟手続」2014年度作成
　　②　「法律事務職員のための弁護士倫理入門」2016年度作成
　　③　「書類の取り寄せ方・見方」2019年度作成
　　④　「日常業務と法律事務職員の役割」2021年度作成

　また，初級研修の理解度を測るミニテスト（チェックシート）もホームページに公開されています。

これらを利用し，初級研修4科目，基本研修8科目，応用研修7科目を順番に3年くらいかけて受講させるようにするのが良いでしょう。

(6)　JALAP の育成システム

最後に今準備中の JALAP の法律事務職員育成システムについて紹介させていただきます。

JALAP は，法律事務所事務職員の能力向上を主たる活動分野としていますので，これまで述べてきたような全くの新人の法律事務職員を能力認定試験合格レベルの頼れる法律事務職員にまで育成するお手伝いをしたいと考えています。現在そのためのコンテンツを準備中で，近日中にサービスを開始できるようになると思いますので，ぜひご活用下さい。

中心となるのは，インターネットを利用してのE-ラーニングによる研修とベテラン法律事務職員との実務交流や助言ですが，例えば研修については従来行われている2時間程度のまとまった講義ではなく，「電話の取り方」「弁護士費用と領収証」「内容証明の出し方」「書証のコピーの仕方」「戸籍・住民票の取り寄せ方法」等々細かなテーマの短時間でかつ実践的な研修動画を用意し，必要に応じて参考にしながら実務を行えるようにします。

また，E-mail・Chatwork・Zoom 等を利用して，研修講師を務めるようなベテランの法律事務職員と交流する機会を設け，困ったときには気軽に相談できる環境を整えたいと考えています。

一人ひとりの法律事務職員に寄り添い，弁護士の皆さんと一緒にその成長を見守りたいと考えていますので，ぜひご期待下さい。

5 法律事務職員向けの書籍

　現在は法律事務職員向けのテキストやハンドブック等も多数出版されています。そのすべてを紹介することはできませんが，私が目を通したなかであくまで個人的な評価によるものですが，推薦できるものを少し紹介します。

① 「今日から弁護士秘書」
〈新人向け〉
日本弁護士連合会編，発行
日弁連ホームページからダウンロードできるパンフレット

② Q&Aで分かる法律事務職員実践ガイド
〈初級・中級向け〉
第二東京弁護士会　弁護士業務センター編著

③ 法律事務の手引
〈初級・中級向け〉
大阪弁護士会　弁護士業務改革委員会編
大阪弁護士協同組合，発行

④ 法律事務ハンドブック必携　第1巻，第2巻
〈初級・中級向け〉
愛知県弁護士会編
愛知県弁護士協同組合，発行

⑤ 法律事務職員実務講座基本編
〈初級・中級向け〉
一般社団法人法律事務職員全国研修センター編，発行

⑥ 法律事務職員実務講座　応用編1乃至V
〈中級～上級向け〉
一般社団法人法律事務職員全国研修センター編，発行
※ただし，現在品切れになっているものが多い

⑦　法律事務職員基本研修テキスト（上）（下）

　　〈初級・中級向け〉

　　一般社団法人日本弁護士補助職協会編，発行

⑧　法律事務職員応用研修テキスト1乃至7

　　〈中級～上級向け〉

　　一般社団法人日本弁護士補助職協会編，発行

幕間

　檀上の平岡弁護士が告げる。「みなさま，ここでしばらく休憩になります。20分後にまた開始いたします。」

　会場の参加者がばらばらと席を立ち，移動を始める。毛利も小早川をうながして，会場を出た。自動販売機で缶コーヒーを買って，二人は話し始める。

　「案外，いろんな業務を法律事務職員がやっているものだね。」毛利は，コーヒーを飲んで，その甘さにびっくりしながら言った。

　「私も，いろいろと業務の範囲を拡げられたら，先生にもっと稼いでもらう時間が作れますね。頑張ります。」小早川が言う。

　ほかの事務所の法律事務職員が，どのような仕事をしているかというのは，思いのほか情報を仕入れる機会が少ない。小早川にとっては，自分の活躍の場を拡げられる可能性を感じたようで，気合いが入っているように見受けられる。

　「もちろん，核心部分は先生にお任せします！　先生も私が優秀だからって，任せっぱなしは落とし穴にはまりますよ！」

　早速，今日のシンポの効果が如実に出ているようである。

　「私は，長井先生の言う，有能な補助スタッフのいない法律事務所は，看護師のいないクリニックというのはそのとおりだと思うね。一人ひとりの人生，企業の歴史を共に歩んでいくような事務所になりたいと思ってる。」と毛利は言った。今までのさほど長くはない弁護士生活で得た経験から，なんとなく思っていたことを，今日のシンポジウムを通じて言語化できたように思う。

　「そのためには，やはり小早川さんの協力が必要なんだよね。まだやりたいことのイメージもふわっとしてるけど，一緒に作り上げていこうよ。」毛利は，小早川をじっと見つめて言った。普段なら，

お酒もだいぶ飲まないと言えないような恥ずかしいセリフだけど，なぜか今日は素直に言える。

　小早川は，コーヒーをぐいっと飲み，言った。「私も，毛利先生と新しい事務所を作り上げていきたいです。よろしくお願いします。」

　法律事務所は，弁護士だけで成り立つわけではない。企業が社長だけで成り立つわけでないのと同じだ。弁護士のみならず，法律事務職員を含めた総合力で勝負し，より良いサービスを作り，顧客に選ばれていかなくてはならない。小早川と二人なら，そんな事務所を作れるに違いない。そのためにも，弁護士としても，経営者としても，リーダーとしてももっと成長していく。毛利は固く心に誓った。

　次のプログラムの開始時間が迫っており，毛利と小早川は足早に会場に戻った。会場では同じように，急いで席に戻ろうとする参加者が多数いる。毛利が檀上に目をむけると，平岡弁護士が既に登壇していた。

　「みなさま，次のプログラムを始めさせていただきます。次は，大阪大学法学研究科，教授の仁木恒夫先生にご登壇いただきます。仁木教授は，対話型調停の研究や，高齢や障害のため，法的な知識がなかったり，コミュニケーションに課題のある方の課題解決に向けて，福祉・行政・司法が連携して課題解決する司法ソーシャルワークの研究などを行っています。

　いずれの研究も，法律事件の解決とは，法で白黒つけるだけが解決ではなく，より広く，紛争当事者である国民が満足するようなサービスであるべきだ，とのお考えに立っております。

　その一環として，仁木教授の研究されている法律事務所の組織論について，本日はお話いただきます。」

会場から，大きな拍手が巻き起こった。

第5

法律事務所の組織論のために

大阪大学大学院法学研究科　教授　仁木　恒夫

1 はじめに

　一般に，弁護士は「プロフェッション」と呼ばれています。[1]この用語は法律家養成機関である法科大学院では頻繁に使用されるのではないでしょうか。プロフェッションという職能は，伝統的には医師，聖職者，法律家の3つだけであり，ビジネスとされる通常の職業とは異なる性格をもつとされています。プロフェッションの特徴は，第一に高度な専門知識を活用するもので，第二にその活動は公共性をおびていて，第三に国家から自律した集団を形成する，ということにあるのです。

　弁護士の場合，弁護士法1条にもある「社会正義」という公共的な理念が意識されることは少なくないのではないでしょうか。確かに「弱者」を擁護する多くの弁護士の活動は「社会正義」にふさわしいものだと思われます。けれども，それに対して具体的な利用者との接触については，公式には必ずしも十分に考えてきたとは言えないように思われます。具体的な利用者との接触は弁護士の「金儲け」につながり，「社会正義」を掲げるプロフェッションの弁護士にとっては，居心地の悪さを覚えるものであったと推測されるので

---

[1]　法律家をプロフェッションと特徴づける考え方は，西欧近代法の生成と密接にかかわりがあり，一般的なものだと思われる。例えば代表的なものとして，田中成明『現代日本法の構図——法の活性化のために』（筑摩書房，1987年）241-242頁参照。

す。

　しかし，通常の弁護士は民間業者であり，利用者から対価を得て
サービスを提供して成立しています[2]。そうであるならば，弁護士は，
どのようにして顧客を獲得するのか，足を運んだ利用者にどのよう
に適正な費用で良質のサービスを提供したら良いのか，ということ
にもっと関心を向けるべきではないでしょうか。それが，弁護士の
安定的な活動の基盤づくりにつながると思われるのです。弁護士は，
具体的な利用者との接触をどのように増やして，適正なサービスを
提供し，相応の報酬を得て，満足してもらえるのか，すなわち適切
な「金儲け」をまじめに考えようということであります。その際，
そうした関心に近い学問領域である経営学・社会学の知見は，多く
の点で，弁護士の業務環境にも適合し，示唆を与えてくれるように
思われます。私は専門外ではありますが，ここでは少しばかり自分
の専門と接点のありそうな経営学の議論を使って，弁護士の活動環
境を見てみようと思います。

2　法律事務所を組織として見る

(1)　弁護士業務の改善と法律事務所

　司法制度改革以降，弁護士人口が急激に増加し，多くの弁護士の
あいだでの厳しい競争が生じました[3]。そうしたなかで，弁護士の
あいだでも弁護士業務は経営努力を必要とすることが意識されてきて

　2　棚瀬孝雄『現代社会と弁護士』（日本評論社，1987 年）は，弁護士が依頼者の対価
　　によって業務を行っているという意味では一般のビジネスと同様であり，報酬を支払
　　う依頼者の主導権を強く主張した。その後，弁護士が自覚的に日常業務での依頼者対
　　応の重要性を表明したのは宮川光治・那須弘平・小山稔・久保利英明編『変革の中の
　　弁護士　上・下』（有斐閣，1992 年，1993 年）である（竜崎喜助『法学断想』（尚学
　　社，2005 年）277-285 頁）。

います。弁護士が経営努力に取り組むにあたり，広告，営業活動，種々のコストカットなど様々な工夫の余地が考えられますが，まず何よりも経営する法律事務所をいかに適正かつ合理的な体制に整備することができるかが，ほとんどの弁護士にとって身近で効果をあげるものになるに違いありません。

　多くの弁護士は，法律事務職員を雇用し，法律事務所を組織として動かしています。法律事務所が組織であるならば，組織を効果的に動かしていく組織論の知見は，法律事務所の合理化にも有益な示唆を与えることでしょう。そこで，本章は，組織論の枠組を使いながら，法律事務所の機能をどのようにして高めていくことができるのかを考えてみます。また，組織の実効化は，組織の指導者のリーダーシップと組み合わされることによって，力を発揮します。法律事務所においては，言うまでもなく弁護士が指導者となるでしょう。そうした関心から，弁護士のリーダーシップについても，あわせて考えてみましょう。

(2)　法律事務所の組織論

　一般に，法律事務所は組織です。近年，わが国の法律事務所は，その形態や規模において変化が見られます。自宅などで，すべて自分ひとりで業務処理を行っている弁護士が目につくようになってきてはいますが，こうした弁護士は現在のところ例外と言ってよく，弁護士がひとりであっても法律事務職員を雇用していたり，また複数の弁護士が事務所に所属していたりという形態が大勢を占めています。したがって，弁護士の活動の拠点である法律事務所は組織なのだと言うことができます。

　3　そうした変化の一端を弁護士経済基盤調査に基づいて検討する文献として佐藤岩夫・濱野亮『変動期の日本の弁護士』（日本評論社，2015年）参照。

　ここでは，次のような理由から，法律事務所をC. バーナードの
組織論の枠組でとらえてみようと思います。第一に，バーナードの
組織論の観点から法律事務所を見ることで，法律事務所が効果的な
経営を必要とする組織であるという理解への関心をより強く喚起す
ることが期待されるということです。周知のとおり，バーナードは
実務も経験した経営学の有力な理論家です。強い影響力をもつバー
ナードの組織論で法律事務所をとらえることができる見通しがある
とするならば，法律事務所が経営学的に洗練させていく可能性を示
すことができるのではないかと思われるのです。

　第二に，バーナードが，弁護士のリーダーシップについても見解
を述べているということです。その内容は簡略ではありますが，法
を意識したリーダーシップ論を展開しているのです。したがって，
そのことから，ほかならぬ弁護士のリーダーシップに適合的な法律
事務所の組織論を考える手がかりを得ることができるのではないか
と期待されます。

　第三に，バーナードの組織論が，組織自体の永続性よりは，個人
から組織論を展開している点です。近年，わが国では法律事務所の
巨大化現象が生じていますが，それでも現状では中小規模の法律事
務所が大半をしめています。中小規模の法律事務所では，経営弁護
士の個性が事務所のあり方により強く反映されると推測されるので，
バーナードの理論がより有効に活用できるのではないかと思われる

<hr>

　4　ここではC. バーナード（山本安次郎・田杉競・飯野春樹訳）『新訳　経営者の役
　　割』（ダイヤモンド社，1968年）を，藤井一弘編著『経営学史叢書Ⅵ　バーナード』
　　（文眞堂，2011年）特に第2章（河辺純），第3章（小笠原英司）を手がかりに検討
　　している。もっとも，バーナードの理論については，日本国内に限っても様々な観点
　　から把握することが試みられているようであり，本稿で紹介するのは一般的な理解に
　　基づく概略の整理に止まるもので，さらに深く検討を行う余地があると思われる。日
　　本のバーナード論については川端久夫『日本におけるバーナード理論研究』（文眞堂，
　　2015年）参照。

のです。

　以下では，バーナードに依拠して，組織運営者としての弁護士に
も妥当すると思われるリーダーシップ論の概略を整理したのち，法
律事務所を組織として構成しなおします。なお，リーダーシップ論
と組織論とは，それぞれ異なる観点から論じられていると言われて
おります。すなわち，リーダーシップ論は価値的な議論であり，規
範的な含意をもつのに対して，組織論は分析的な議論であり，その
客観的な構造をとらえようとしているのです[5]。そうした不整合も一
応はおさえたうえで，考えてみたいと思います。

3 弁護士と法律事務所の組織構造

(1)　弁護士のリーダーシップ

　リーダーシップとは「主としてじぶんたちのそとに生じた態度，
理想，希望などを反映しながら，人びとの意志を，彼らの即座の目
標を超越し，その時代を超越した目的の達成へと結束していかずに
はいられないようにする[6]」能力であるとされています。

　組織には複数の個人が所属し，それぞれ雑多な道徳的性向をもっ
ています。リーダーシップをそなえた指導者は，そうした多様な個
人の意志を統合し，彼らの努力を共通の方向へ結集するのです。そ
して，このリーダーシップにより組織が機能しているときは，所属

5　北野利信「バーナードのリーダーシップ論」学習院大学経済論集7巻2号（2017
　年）209頁。

6　北野・前掲「バーナードのリーダーシップ論」209-222頁，210頁のBarnardの著
　書からの引用による。以下，本節は主に北野論文に依拠している。北野論文では，セ
　ルズニックの制度論にも検討がおよんでいるが，セルズニックはノネとの共著（六本
　佳平訳）『法と社会の変動理論』（岩波書店，1981年）で法学においてもよく知られ
　る論者である。

する人びとの「士気」が高まると言われます。組織が力を発揮するには，適切な指導者のリーダーシップによって，所属メンバーの意欲が高まり，実働へと向かう状況が必要だということなのです。

こうした指導者の役割は道徳的創造性とよばれています。この道徳的創造性の難しさは，環境の変化に応じて，共通の方向である組織の目的と，それにあわせてとるべき手段とを常に創造し続けなければならないということなのです。そして，複数の目的や手段が考慮されなければならない状況においては，指導者は価値判断をしなければなりません。現場の実践においてなされるこの価値判断は，ときに犠牲を払うことになりますが，その正当性を客観的に示すことはできません。そうした判断を支えるのは，指導者の個人的信条と組織的信条との一致，すなわち信念であるとされています。そして，バーナードは，こうした一般論で焦点をあてた道徳的創造性に加えて，法律家のリーダーシップにおいて説得の重要性を指摘するのです。[7]

法律家は法的知識の習得によって認められる資格であるにすぎず，当然にすべての弁護士にリーダーシップが備わっているわけではありません。しかし，状況を把握し，複数の選択肢のなかからとるべき行動を選び，周囲を説得するという活動は，弁護士の通常の紛争処理業務に近接していると言えるのではないでしょうか。そうであるとすれば，多くの弁護士が，法律事務所においてすでにかなりのリーダーシップを発揮しているか，その可能性を伏在させていると思われるのです。ただし，依頼者であっても事務所のスタッフであっても，説得を受けると人は攻撃されているように感じるかもし

7　Chester Barnard, "Leadership and the Law" *New York University Law Review*, Vol.27, 1952, pp.112-116。この法律家へ向けた論稿において，経営学理論家のBarnard は，リーダーシップを「卓越や優れている」とか「英雄性」を意味するものではない，と述べていることが興味深い。

れません。そこで，リーダーシップが要求する説得はそうしたものではなく，人びとを納得させるものであるとされます。人を納得させるような説得の能力は，弁護士がより自覚的に重要性を認めて洗練させていかなければならない技術と言えるでしょう。

　事務所の経営，取扱い事件の傾向，業務遂行体制，事件処理の方針，広報などについては，弁護士が中心になって方針を決めていくことでしょう。こうした法律事務所の組織運営に関わる領域は，弁護士が利用者に対して合理的なコストで適正な法的サービスを提供するために重要な環境を構成することになります。したがって，利用者のための弁護士活動をより質を高めて効果的なものにするためにも，法律事務所の組織運営に関心を強めるべきではないでしょうか。そこで，法律事務所が組織として機能を発揮するメカニズムを，さらにバーナードの見解をもとに見てみましょう。

(2)　法律事務所の組織構造

　組織とは，個人の制約を克服する協働のシステムであるとされます。個人は，経験能力は限られており，また他者との相互作用を全くしないということはあり得ません。そうした個人が他者と協働することで，制約を超えて活動の可能性を拡げることが可能になるのです。バーナードは，この協働のシステムが成立するには，①共通目的，②協働意欲，③コミュニケーションの3要素が必要であるとしています。この3要素が揃うことが組織の必要十分条件なのです。まず，組織は特定の「共同目的」のために構成員の活動を調整し，協働へと動員します。この共同目的は，組織にとっての目的であり，それが協働に携わる構成員の主観的な動機を満足させるとは限りません。組織では，そうした構成員たちに協働してもらわなければならないのです。つまり，それぞれに欲求がある構成員が，自分の欲求と組織の共同目的と対立する際には，自分を抑えて組織に貢献し

ようという「協働意欲」が高まるようにしなければなりません。このように，組織を機能させるには，組織の共同目的と各構成員の協働意欲とが必要なのですが，それは自然に調和するわけではありません。両者を適切に結びつけるには，構成員間の協働を実現する「コミュニケーション」が重要になってきます。コミュニケーションを介して共同目的は伝えられ，協働意欲を引き出すことが可能になるのです。法律事務所においても，例えば，高齢者問題に力を入れるという方針が設定されたら，その領域の業務をより高い質を保って効率的に進めていくために，弁護士や法律事務職員が適宜コミュニケーションをとりながら意欲を高めて協働体制をつくりあげていくのではないでしょうか。

　しかしながら，成立した組織は決して安定的なものではありません。組織を存続させるには，組織の有効性と能率が機能する必要があります。ここでの「組織の有効性」とは，組織目的の達成を意味しています。それは，組織として成果をあげていかなければならないということです。法律事務所に即して言えば，依頼者の相談に対応することや訴訟案件を進めていくことなど，より細分化された業務領域における目的の達成があり，それらの結合により収入を得て法的サービスを提供していくというような法律事務所全体としての目的の達成が指摘できます。他方の「組織の能率」とは，協働を確保するための個人の動機の充足を意味しています。組織を構成する成員が組織の成果をあげる活動に関わっていこうとする動機が満たされなければなりません。そしてここに，指導者の重要な役割が求められるのです。すなわち，指導者が，組織の構成員に，協働へ向かう誘因を供与しなければならないのです。この誘因は，報酬などの経済的な誘因はもちろんですが，それに止まらず地位や仕事の魅力など非経済的な誘因もあり得ます。こうした誘因を得て組織の構成員は組織への一層の貢献を高めます。そして，この「誘因」と

「貢献」の均衡を実現することが，管理者の役割であるとされるのです。法律事務所の場合も，所属する弁護士や法律事務職員らは，合理的な職務環境が整備され，相応の給与を得ること，さらには仕事に見出す喜びなどが貢献意欲を高めることでしょう。

　さて，組織は先述の３要素から構成されており，その目的の達成へ向けて参加する成員の諸活動が意識的に調整されることになります。組織のこの側面をバーナードは「公式組織」と呼んでいます。ところが，この公式組織はそれ自体のみで存続していくことは現実には難しいのです。というのも，そこで活動する人間は，組織の協働に必要な限りでの機能的側面にすべて集約されてしまうことはないからです。そして，公式組織とは別に，個人の自律的な人格を保持する場として「非公式組織」が形成されます。そこでは，公式組織のように目的に適合的な協働ではなく，相互作用すること自体が重視されるのです。非公式組織は，公式組織のように目的をもたないためそれ自体として継続しませんが，公式組織を支えとして継続します。法律事務所においても，所属する弁護士や法律事務職員は法的サービスの提供に必要な話しかしないわけではありません。弁護士や法律事務職員は，状況を見ながら，日常的な会話や雑談もしており，それもあって事務所の雰囲気が形成されるのです。

　ところで，組織はコミュニケーションを不可欠の要素としており，構成員のコミュニケーションによって動いていくということでした。そこには，上司から部下への指示・命令が重要な部分として含まれています。組織が機動的に働くためには，部下が命令に疑問を抱かずに受け入れることが，かなりの程度必要になってくるでしょう。これは無関心圏と呼ばれています。ここで，構成員にとっては誘因が大きいほど無関心圏も大きくなります。したがって，そうした状況においては，構成員は指示・命令をより円滑に遂行することになるでしょう。相応の給与を得ていたり，やりがいのある仕事に携

わっている法律事務職員は，弁護士の指示を滞りなく達成していくことでしょう。

⑶　組織として機能する法律事務所

　以上で見てきたようなバーナードの組織論は法律事務所にも相当程度が妥当するのではないでしょうか。法律事務所という組織は，報酬を得て依頼者に対し適切な法的サービスを提供します。事務所のスタッフはこの作業を協働で進める意欲が必要でしょう。そして法的サービスの提供を円滑に進めるためにスタッフ間でコミュニケーションをとることが不可欠なのであります。

　法律事務所が安定して維持されるには，この事務所として適正な報酬でできるだけ質の高い法的サービスの提供がなされなければならず，またそこで働く法律事務職員も相応の給与を得て，さらに仕事にやりがいが見いだせるというような動機が満たされる必要があります。そうすることで法律事務職員は業務への協働意欲が高まることでしょう。また，弁護士からの指示・命令にも的確に応じて遂行することが期待されるのです。

　もっとも，弁護士の法的サービス提供が法律事務職員の業務遂行を得た協働システムのなかで機動的に進むには，指示・命令とその遂行という関係だけでなく，非公式の関係性が確立されていることが有効なはずです。すなわち，法的サービスの提供を組織効率性から見れば，書類の整理，作業の順番，スケジュールの統括管理などによってコミュニケーションをある程度は定型的に秩序づけることが重要になります。しかし，法的サービスの提供は，個別の依頼者および関係者との継続的な接触が予定されており，人間に対する当該弁護士の考え方が業務遂行に大きく影響してきます。弁護士の仕事に対する姿勢などについて法律事務職員が普段から聞いており，そこにいくらかは共感が持てることで，業務遂行の協働がより効果

的に進められるではないでしょうか。

　以上，バーナードの組織論を，法律事務職員に重心を置きながら，法律事務所に適用して見てきました。こうした組織論の枠組を，前節の事件処理及び事務所経営における弁護士のリーダーシップと組み合わせることによって，法律事務所が提供できる法的サービスは質量ともに高まっていくのではないでしょうか。

4　おわりに

　弁護士の合理的な法的サービス提供を実現するために，ここでは弁護士が活動の拠点とする法律事務所に着目してきました。法律事務所をバーナードの組織論の特徴からとらえなおし，そこで働くスタッフ，とりわけ法律事務職員が重要な構成員であることをおさえながら，組織が効果を発揮するメカニズムを素描してみました。確かに，重要な法的判断は弁護士が行っていると言えるかもしれませんが，法的サービスを提供するプロセスには法律事務職員も関わり，両者の協働がスムーズに進むことで，個々の利用者への対応も，事務所で受けている事件全体の管理もより適切かつ無駄なく動いていくのではないでしょうか。そういう意味では，リーダーシップをもつ弁護士のなかに，法的サービスは法律事務所の総合力で提供していくという視点があっても良いように思います。

　ただし，ここでは，法律事務所に持ちこまれる事件を処理するのはきわめて難しいことである，という重要な側面については検討することができませんでした。弁護士は紛争を扱うことが多く，他人の財産や人間関係を大きく左右する仕事を行っております。それは大変難しい，独特の身のこなしが求められる活動なのでしょう。そうした難しさを含んだ日常の業務を，適正さを確保しながら，費用を払う利用者に満足してもらえるように進めていくことで，弁護士

は安定的に活動ができる基盤ができあがるのではないでしょうか。経営学や社会学，組織論の学術的知見も取り入れながら，弁護士業務において，今後そうした側面もあわせて議論がなされることを期待しております。

8　新堂幸司「弁護士倫理とその業務」『民事訴訟法学の基礎』（有斐閣，1998 年）59-88 頁は，非弁禁止は資格者である弁護士による法律事務の独占の正当性と密接に結びついていることを指摘しつつ，市民の側の利益に着目すると「法律補助職の育成」が必要であることを説く。弁護士が責任をもって事務を任せられる補助職を雇用する必要があり，弁護士会としてそのような人材を育成しなければならず，資格制度を確立する必要があると主張する。

幕間

　仁木教授がバーナードの組織論について，語り始めた。

　バーナードの組織論と言えば，「共通目的」「協働意欲」「コミュニケーション」という３要素が有名である。法律事務所も確かに組織なので，この３要素に引き付けて考えるのも有用かもしれないなと，毛利は思う。

　仁木教授の話が，リーダーシップ論へと移る。

　檀上のスライドに

　「主としてじぶんたちのそとに生じた態度，理想，希望などを反映しながら，人びとの意志を，彼らの即座の目標を超越し，その時代を超越した目的の達成へと結束していかずにはいられないようにする能力」

　と投影されている。リーダーシップの定義のようだ。

　「時代を超越した目的達成」とは，普遍的な事務所の目標・理念ということであろうと毛利は思った。

　先ほどの休憩時間に，毛利は小早川に「人生を共に歩める法律事務所を作りたい」と言ったが，「時代を超越した目的」かと言われると，まだ弱い気がする。もっと，自分が何をしたいのか，掘り下げて考える必要を感じる。

　その目的に対して，所員を結束させていくこと，これが経営者である私の仕事になるのだ。

　仁木教授の話は，組織論の３要素に移っている。

　公式組織とは，その３要素（共通の目標，協働意欲，コミュニケーション）が揃っている集団のことだという。確かに，これらが欠ければ，ただの人の集まりであって，今日の朝，電車に乗り合わ

せた人の集団と変わることはないだろう。

　さらに，組織を存続させるためには，「組織の有効性」が必要だとする。有効性とは，目的達成のことであるから，これは当然であろう。

　もうひとつの「組織の能率」というのは面白い。効率性のことかと思うが，そうではなくて，所属するメンバーが組織のために協働する個人的動機の充足が必要だという意味らしい。

　一例として，経済的誘因＝給与をあげているが，それは当然であろう。スズメの涙みたいな給与で，継続的に人生をかけて働くことはできないだろう。

　経済的動機は，不足すると不満に思うが，十分以上となると不満はなくなるが，積極的な動機づけにはならないとどこかで読んだ記憶があるのを思い出した。

　こう考えると，経済的な側面は十分にしつつも，それ以外のやりがいとか，自己実現とか，そういった要素に気を配る必要があるということだ。

　毛利は，10年，20年先に小早川と，今のようにやれているだろうかとふと考える。もちろん，分からない。しかし，もしこの良好な関係を作りたいなら，小早川自身の動機には十分に敬意を払い，配慮するべきなのだろう。

　仁木教授の話が，「非公式組織」に移る。これは，要するに，業務とは離れた人間関係のことなのだろうか。

　これは，小早川とであれば，大丈夫だとの自信はある。しかし，今後事務所が拡大し，所員も増えていけば，気にかけていく必要はあるだろう。

　「弁護士の仕事に対する姿勢などについて法律事務職員が普段から聞き，そこにいくらかは共感が持てることで，業務遂行の協働が

より効果的に進められるであろう。」

　私がどうしたいか，何を成し遂げたいか，そういった話はやはり必要なのだなと思う。小早川には，いくつもの事件を通じて，あるいはその後のコミュニケーションを通じて，毛利がどのような事件処理をしたいのか，どのようにクライアントと接したいのか，分かってもらっている自信はある。これは，別に意識をして伝えてきたわけではない。どちらかというと，毛利自身修行中であったから，四苦八苦しながら一緒に成長してきた戦友に近いだろう。

　こういった自分を伝えることも，意識的にしていかなければならないのだなと毛利は思った。率直にいうと，自分語りをするというのは，気恥ずかしい。が，それが経営者，リーダーということかもしれない。

　周囲からは拍手が巻き起こる。毛利も力を込めて拍手をする。
　仁木教授が，一礼をして檀上から降りていく。

終幕

　檀上の仁木教授が一礼して舞台を降りる。それと同時に，檀上に平岡弁護士が上がった。

　「本日は，法律事務職員活用のシンポジウムにご参加いただきまして，また，長時間にわたりご清聴いただきまして，誠にありがとうございました。

　最後に，少しだけ，閉会の挨拶をさせていただきます。

　私が，法律事務職員の活用に目覚めたのは，私の所属する事務所の影響です。私の事務所は，創業者の谷清司弁護士が，萩市という当時弁護士ゼロ地域で独立した個人事務所を母体としています。

　独立して以降，裁判所支部のある地域のたった一人の弁護士として，裁判所からの事件，多くの地元の市民の事件を担当してきました。

　当然，弁護士一人の手で賄うことは難しくなります。忙しいからと支援を求める市民の手を払うのか，それとも業務を工夫して，唯一の法律事務所としての期待に応えるべきなのか。

　そのとき，創業者の雇用していた法律事務職員が，少しでも力になりたいと，自分のできる範囲を広げ，助けてくれたのです。弁護士と法律事務職員がチームとなって，法律事務所を盛り上げていくモデルの始まりでした。

　ともに歩む仲間である以上，一生の職場として，家族を養えるような待遇を準備し，やりがいを持った職場にしたい。そう思って今に至ります。

　もう一点。私の母が看護師であったことも理由となります。私は，母が自分の職業にプライドをもって働いていたことを知っています。医師と弁護士を対比するとしたら，医師には看護師をはじめ，様々

な業務の専門家がおり，チームを組んで医療サービスを提供しています。弁護士にも，そのような存在が必要なのは当然です。それが，結局は弁護士が弁護士しかできない業務に集中し，より高いレベルの，より国民のニーズに合った法的サービスを提供することになります。

　反面，法律事務職員も，国民に対する法的サービスの担い手，長井委員長の言葉を借りれば，法の支配の担い手として，職業に誇りとプライドをもって，向上心をもって取り組んでほしいと心から考えています。

　私は，まだまだ法律事務所と法律事務職員にできることがあると，その可能性を確信しています。

　そのために，今後も研究を続け，発表していきたいと思います。

　本日はありがとうございました。」

第 **2** 部

法律事務職員との協働マニュアル

はじめに

弁護士　平岡　将人

1　業務改革シンポジウム

　2022年9月3日，名古屋にて日弁連の業務改革シンポジウム（第22回）が開催されました。

　このシンポジウムで，私は法律事務職員関連小委員会の副委員長として，分科会で中心的な役割を担わせてもらいました。

　私たちは，コロナ禍による働き方の変化，裁判のIT化の導入，リーガルテックの発展と，大きな時代の流れの真っただなかにいます。さらに2020年に日弁連が行った経済基盤調査では，弁護士の所得の大幅な減少が明らかとされています。弁護士であれば誰しもが，これからどうなるのだろうかと不安に思っているのではないだろうか。かくいう私もそのひとりです。

　私は，そのような時代に行われたシンポジウム（第9分科会）の中心的なテーマに①法律事務職員の担当業務の拡大と②弁護士と法律事務職員のコミュニケーションの重要性を挙げました。このことについて少し話をしましょう。

2　人と協働する意味について

　良く言われることとして，「弁護士は一人でできる」という言葉があります。この言葉の後には「だから法律事務職員はもっと頑張れ」と続くこともあれば，「だから法律事務職員は雇用しない」と

続くかもしれません。

　弁護士以外の者が報酬をもらって法律事務を行うことが禁じられている以上，法律事務職員は一人では法律事務はできないが，弁護士は一人でできるだろうから，「弁護士は一人でできる」というのは間違いとは言えません。しかし，だから，どうしたということです。

　法律事務所以外で，このような言葉があるのでしょうか。「店長は一人でできる。」とか「社長は一人でできる。」とか「課長は一人でできる。」とか，ふつう言わないと思います。

　人と協力して働くことの本質は，個人の能力以上の結果を残すためです。そして，法律事務所の性質（資格業，法律事務の独占）からすると，法律事務所で人と働くことの意味は，（経営）弁護士の能力以上の結果を残すために他なりません。

　事務所の規模やクライアントの種別や数などは様々なので，方法論はひとつではないのだが，目的はただひとつです。

③ 得手不得手，興味の有無……

　雑多で，多岐にわたる法律事務所の事務作業を，法律事務職員を雇用せず（外注もせず）すべて弁護士が行うことは，貴重な時間を割くこととなるため「個人の能力」以下の結果にしかつながらないことは当たり前のことです。

　経理関係や総務関係，事務所への電話のファーストコンタクト，来客の対応，郵便物の対応などは，多くの事務所で法律事務職員の担当です。

　さらに，法律事件の補助業務も多くの事務所で法律事務職員の担当業務とされています（2022年に行われたアンケート調査ではおよそ約80％が担当していると回答）。法律事件の補助といっても，様々であろ

うが，定型的な書面のドラフトの作成業務，証拠資料の取寄せ業務など，法律判断を伴わない補助業務というのは多々存在します。

　こういった業務を法律事務職員が担当することで，弁護士は経営者としての業務や，法律事件の核心的業務に集中することができ，「能力」以上の結果を出すことにつながります。

　さらに一歩進んで，経営的業務を支援する法律事務職員も登場しています。所内のマネジメント，広告・広報・マーケティング，IT・システム関係などを担当する法律事務職員です（2022 年調査では，IT 関係は約 30%，広報は 15% と回答されている。）。

　率直に言うと，私は IT とか，セキュリティとか，システムとかに知識も興味もございません。そこに時間使うなら，法律事務をしたいし，家族のために時間を使いたいと思います。

　しかし，膨大な個人情報を預かる法律事務所（今後は裁判の IT 化もあって，それらのデータ化が加速する。）が，WEB セキュリティが弱いというのはあり得ないことは分かっています。

　ではどうするか。法律事務職員に頼むしかないではないのでしょうか。

　法律事務職員との協働が，個人能力以上の結果を残すという目的があるならば，苦手なことを得意な人に任せ，自身は得意なことをするという分担に通じます。

　私にとっての IT もそうなんです。

　ちなみに，私は証拠を読み解いたり，起案をすることは好きですが，電話は苦手です。なるべく電話したくありません。電話は相手の表情が見えないからです（来所や WEB 会議システムによる打ち合わせは嫌いではない。）。電話を代わりにしてくれる法律事務職員がいたらどんなに良いだろうと思います。私がこう伝えてくれと指示していれば非弁ではないのです。

　さらに告白すると，私は熱意ある分野は力を注ぐが，そうでない分野はそうではないのです（顕著に）。私が熱意の薄い分野でも，しっかりと事件を協働してくれる法律事務職員がいたらどんなに良いだろうと思います。私が指示をし，決裁をすれば非弁ではないのです。

　こういった得手不得手というのは，弁護士によって千差万別で，なかにはIT大好き弁護士だって当然いるだろうし，電話しかしない弁護士だっていると思います。

　こう考えると，自分は万能だと思っている弁護士ほど，法律事務職員を頼りにしないのかもしれないと思います。しかし，私も相応にいろんな弁護士を見てきましたが，大概の弁護士には欠点があります（長所が尖っていてすごいけど）。本書を読んでいるあなたもです。

　自身の苦手な部分を任せるというのは少し我儘な気がしますが，経営的に重要な課題について，より得意な人に任せるというのは賢明な判断でもあるのです。また，自分が得意な分野だからこそ，一定の量が見込める事務作業について因数分解し，法律事務職員に任せるシステムを作り出すことで，大きく効率化を図ることができるということもあるのではないのでしょうか。

　法律事務職員の担当業務が広がっているというのは，法律事務所の作業が多様化しているとの理由のほか，弁護士はより弁護士らしい業務に集中してチームとして能力を最大限発揮するという考え方が広まっていることも原因にあるように思います。

4 コミュニケーションについて

　話をシンポジウムに戻しますが，今回のテーマのひとつにコミュニケーションを挙げました。私は，法律事務職員と協働するポイントは，コミュニケーションに尽きると考えます。

　法律事務のコミュニケーションがうまくいかないと，処理が円滑に行われませんし，コミュニケーションの断絶に至ってしまうと非弁のおそれすらでてきてしまうからです。

　また，経営状況や事務所の方向性，理念などのコミュニケーションがうまくいかないと，業務改善や新規事業開拓が阻害されますし，一時的な売上の低下のときに，法律事務職員の不安を煽ってしまうことになります。

　しかし，コミュニケーションというのは難しい。特に私のように，あまり得意でない人にとっては一層難しいものです。

　少し話は変わりますが，私はスピーチも得意ではございません。特に困るのが，結婚式のスピーチです。私が代表弁護士だったこともあり，年に数件は頼まれておりましたが，本当にどうしようかと思っておりました。笑いを取るにもそれほど面白いことは言えませんし，良い話をしようにも，その新郎新婦のことを表面的にしか知りません……。頑張ってスピーチをするものの，何となく，つまらないスピーチしかできていないような気がしてならなかったのです。

　そんな自分を何とかしようと，四苦八苦の末に，スピーチを頼まれたらこうするという方法論を編み出しました。端的に説明すると，新郎（新婦）を呼びだして，食事に行って，その人の人生を一から聞いて，人生のエピソードと仕事上の印象的なエピソードをつなげる，という方法論です（詳しい話は別の機会に）。その方法を見つけて以来，苦手意識はなくなりました。それどころか，スピーチを頼まれるのが少し楽しみになりました。

　何の話をしたかったのかというと，コミュニケーションはフリーハンドではなく，一定のルールがあったほうが良いということです。

　事件処理のコミュニケーションとしては，例えば報告連絡相談のやり方を決めるとか，そういうことです。

　例えば，私は事件の進捗管理については，統一の書式を使ってま

すし，最近ならば便利なコミュニケーションツールがたくさんあります。そうですので，それを使うのも良い方法です。

　経営的なコミュニケーションとしては，年に一度の事務所の方針発表会などを開催したり，定期的に経営会議を開催したり，個人面談を実施したりします。

　もちろん，これらルールはきっかけ作りにすぎず，大切なのは，双方向コミュニケーションを望む経営者の思いであることは言うまでもございません。

5　お伝えしたいこと

　はじめに，と題しながら長々と書いてしまいましたが，お伝えしたいことはただ一つです。

　「弁護士の能力を最大限発揮し，結果を残すため，法律事務職員とコミュニケーションを取り，『協働』しよう。」ということです。

　まずは，第2部の開幕に，私の友人でもあり，頼りになるコンサルタントである鈴木圭介氏に寄稿してもらいましたので，そこから始めましょう。

第1

特別寄稿

株式会社船井総合研究所　シニアコンサルタント　鈴木　圭介

　株式会社船井総合研究所における法律事務所コンサルティング部門は，弁護士の大増員や広告規制の撤廃等，法律事務所業界にとって新しい時代が必要としている革新的かつ総合的なコンサルティングサービスへの需要に応えることを目的として2005年に発足し，2011年から私は当該部門の責任者を務めさせて頂いております。2022年9月現在，250前後の事務所様とコンサルティング契約をさせて頂いており，当社セミナーには延べ7000名を超える先生方にご参加を頂き，日々，法律事務所の経営・組織運営について，多くの先生方と研究をさせて頂いております。その成果を共著という形で『新訂版　弁護士のためのマーケティングマニュアルⅡ分野別実践編』2017年　第一法規株式会社，『改訂版　法律家のためのWEBマーケティングマニュアル』2015年10月　第一法規株式会社，『士業の業績革新マニュアル』2015年4月　ダイヤモンド社，『弁護士10年目までの相談受任力の高め方』，2014年8月　レクシスネクシス・ジャパン，『法律家のためのWEBマーケティングマニュアル』2010年7月　第一法規株式会社にて，ご紹介をさせて頂きました。また，大変光栄なことに過去に10回を超える全国の弁護士会や業務改革シンポジウムにおいてもお話をする機会を頂戴致しました。今回もこのような機会を頂戴し，大変感謝しております。誠にありがとうございます。大変畏れおおい事柄でございますが，大変僭越ながら「今後も継続的に発展する法律事務所とは？」

というテーマについて「法律事務職員の方々の活躍」ということにフォーカスした経営・組織運営論についてお話をさせて頂きます。

　現在よりも20年前19000人弱であった弁護士数は44000人強となり，この20年で倍の人数となり，インハウスロイヤーは全体の0.4％の80人弱から6.7％の3000人弱となり，弁護士100名を超える事務所は10を超えました。弁護士数上位TOP200事務所の喫緊4ヵ年の弁護士純増数は1350名強。2021年対比で480名弱。離職率が10％と試算すると，500名超がTOP200事務所へ就職する時代です。合格者の30％超がTOP200の事務所へ就職する時代となり，寡占化が加速しています。同規模・同商圏事務所でも人材が集まる事務所と集まらない事務所との2極化が進んでおり，資格者の有無に関わらず，優秀な人材の獲得競争は加速しています。資格者・非資格者を含めて，人材という側面だけで見ても，大きな変化が続いており，既成概念にとらわれない時流に適応した事務所経営の実現が必要な時代となっているとコンサルティングの現場から感じています。

　皆様も感じられていると思いますが，一般民事を中心とする事務所経営において，この20年で大きなトレンドはマーケティングの影響力の拡大と弁護士増員または分業制導入（役割分担制）による事務所の巨大化（急拡大する事務所の増加）です。当社がコンサルティングを開始した当時2005年〜2010年では「WEBを中心としたマーケティング経由の客層は悪い。目の前の仕事をしっかりしていない弁護士のやることだ。」といった批判的な目からの移行期といえる時期で，経営的側面で考えると「特定の分野を集中的に集める」「案件獲得の目途が立つ」という観点から特定分野が売上の80％を超す「特化型事務所」が出現し，総合的に取り扱う事務所には

無い専門性と効率性を実現しました。高い生産性と高い効率性を実現しているため，高い給与水準及びマーケティング投資額の拡大により，より多くの注力している分野の案件が集まり，単独ではなく，複数人の弁護士が同一分野を取り扱うことによる専門性の深耕が進み，同時に効率性を実現し，その好サイクルによって急成長を実現する事務所が増えた時期です。その時期に注力分野における分業制若しくは役割分担制が導入され，弁護士の監督下で，有資格者で無くとも可能な業務を担う法律事務職員の方が増えました。この時期に増えた専門性の高い法律事務職員の方は，一般的な秘書業務との差があり，より業務に深く関わり，弁護士だけでは，生産性の関係上ケアしきれない部分を担う方が増えました。例えば，分野が多岐に渡ってしまうと，前提となる知識の幅が非常に広がってしまい，数年以上の経験を有しないとサポートにならないヒアリング，また業務範囲のなかでの非弁業務範囲の設定が曖昧になってしまうリスクを，業務を絞ることで解決することが可能となりました（「弁護士の本来業務とは何か」という点に関する議論は先生方へお譲りしたいと思います。）。

　2010 年〜 2020 年にかけては上記の時代に加速した規模の経済における4メリット（1. 利益率が上がる。2. 価格競争で優位になる。3. 市場シェアを高められる。4. 参入障壁を築ける。）を最大限享受させた事務所が大きな成長を遂げました。大量に処理をすればするほど，品質が上がり，生産性が上がるという点です。数多くなると品質が維持できないというのは，戦略の間違えではなく，マネジメントシステム構築が課題ですので，一般企業が導入しているマネジメントシステムや業務処理体制を法律事務所の経営に応用できるかどうかが，経営上の重要なポイントとなった時代だと思います。この成功している企業が導入しているマネジメントシステムを応用するとい

うことが今後の成長と持続的な成長を遂げるポイントとなりますし，この 15 年，実際に経営アドバイスさせて頂き，多くの事務所の代表・弁護士・法律事務職員の方々と伴走してきたからこそ，確信に近く，今後もより大きな差になる要素だと考えられます。

　それでは，どのようなマネジメントシステムを導入するべきなのでしょうか。近年では，フレデリック・ラルーが 2014 年に出版された「ティール組織―マネジメントの常識を覆す次世代型組織の出現（タイトル日本語版）」で提唱された新しいマネジメント手法のティール型組織が有名ですが，その提唱内容の大きなポイントはメンバーが自分たちで主体的に意識を持ち，マイクロマネジメントをせずに業務を進めるという新しい組織論です。また，私はアメリカサンノゼの Google 本社に 2015 年にお伺いする機会があり，その際には「ダイバーシティ（多様性）」が提唱され，翌年，アメリカニューヨークの Google 新社屋にお伺いした際には「ダイバーシティを実現させたうえでのインクルージョン（包括・包含）」が企業の発展の重要な観点だと提唱されていました。このお話を伺い世界企業・日本企業の多くが内容を理解し，チャレンジを始め，実際に形にしているケースが出てきています。それでは法律事務所に応用した場合にどうなるのかについてお話をさせて頂きます。

　事業的側面で考えた場合，法曹界における既存分野において成長市場は少なく，新しい成長分野を開拓する必要があります。2019 年に世界的経営学の権威であるチャールズ・A・オライリーが執筆され世界的なベストセラーとなった「両利きの経営「二兎を追う」戦略が未来を切り拓く」にて提唱されている既存分野の深化と新規分野の探索の活動を自在に，バランスよく高い次元で行うことが重要となります。「深化では漸進型イノベーションと絶え間のない改善が重視され，探索では実験と行動を通じた学習が重視される。」

と言われる部分を事業戦略及びマネジメントシステムとして組み込むことができるかです。

　実際のコンサルティング例としましては，ある地方都市にて開業され現在では弁護士数 20 名前後のＡ事務所では，一般民事主体でしたが，勤務弁護士を雇用されたタイミングから一般民事は事業上の責任者（＝深耕役）として勤務弁護士をトップに置く形（＝マネジメントシステム）を決め，３年をかけて移行し，トップの弁護士は開拓の難しい中小企業法務（＝探索役）に取り組みました。また，管理部門・マーケティング部門を各分野別チームから一部を分割し，非資格者を部門トップに据え，経営機能上の分割を進め，経営効率を飛躍的に上げました。また，同事務所では，弁護士がやらなければならない業務以外は非資格者に活躍してもらうという方針の下，資格の有無による上下関係を撤廃しました。マネジメントシステム上必要となる判断や報告，責任の所在における上下は存在しますが，人としての上下関係というのは無く，資格に関係無く，意見交換がされ，新しい業務体制やマーケティング方法，顧客開拓が行われており，一般民事分野において特に交通事故が伸び悩む分を中小企業法務が補う形で急成長を続け，開業後，一度も前年度を下回ることは無い状況が続いています。現在では，法律事務所以外の事業にも展開（＝探索）が実現されており，法律事務所の事業にも相乗効果のある成果が出ており，経営的に見ても，多種多様な能力をメンバーが各能力を活かす形で活躍しており，非常に盤石な経営体制を構築されています。

　次の事例も，ある地方都市にて開業され現在では弁護士数 20 名前後のＢ事務所では，使用者側の労務問題を将来的な武器にする（＝探索）うえで，時流に適応するうえでは必須であった一般民事向け（＝深化）の WEB マーケティングを開業当時から重要視してお

り，弁護士数 5 名段階で，全国的には先駆けて WEB マーケティング専門職（＝マネジメントシステム）を作り，法律事務職員とは異なる採用形態・採用方針で雇用し，WEB マーケティング専門メンバーをトップに据え，かつ WEB マーケティング専門チームを組成し，今では日本屈指のサイトを作りあげ，今でも安定して成長を続けられています。B 事務所では，上記のマーケティング担当者は，実質的な経営を担うひとりとして役員に近いポジションが与えられ，事務所の経営改革を進められています。こちらの事務所でも開業当初から資格の有無による上下関係は無いという指導が徹底され，給与面においても，弁護士と同等か，それ以上に支払われている仕組みとなっており，経営的に見ても，今後も継続的な成長の続き，多種多様な能力をメンバーが各能力を活かす形で，非常に盤石な経営体制を構築されています。

　最後にご紹介する事例も，ある地方都市にて開業され現在では弁護士数 35 名前後の C 事務所では，債務整理分野・人身障害分野（＝深化）に注力し，法律事務職員としての教育と共に，ビジネスマンとしての教育，業務処理技術向上の教育，理念・ビジョンに関する教育といったように様々な教育（＝マネジメントシステム）について，新卒採用を主体に開業当初から実施され，法律事務所から一般企業に転職をしても通用するスキルを身につけさせている教育体制を構築されており，接客の素晴らしさから依頼者から喜びの声も多々あり，また，弁護士採用においても，法律事務職員の方々が優秀なためその事務所を選んだという声もある程，法律事務職員の方々が優秀な事務所です。こちらの事務所では，優秀な法律事務職員の方々のインフラを活用し，社会保険労務士分野・税理士分野（＝探索）を開拓され，3 年で業界平均値もよりも多くの件数をこなされています。こちらの事務所も開業当初から資格の有無による上下関係は無いという指導が徹底され，勤続年数も長い法律事務職員

の方々が多くいらっしゃり，経営的に見ても，今後も継続的な成長の続き，多種多様な能力をメンバーが各能力を活かす形で非常に盤石な経営体制を構築されています。

　ご紹介をさせて頂いた３事務所以外にも，コンサルティングをさせて頂いている先で，この10年前後で急成長を維持されている事務所がございますが，共通しているのは，弁護士以外の才能を活かせているかという点に集約されると考えています。シンクタンク経営者・計算論的神経科学者・ハーバード大学教授のトッド・ローズ，オギ・オーガスが執筆され世界的なベストセラーにもなった2021年に出版された著書『Dark Horse：「好きなことだけで生きる人」が成功する時代』では「個人が幸福を感じる瞬間の一つは，自分の潜在的な能力を活かしている瞬間に感じられるということが統計から発見された」と紹介をされていますが，多くの方が自分の才能を活かせる場所を探しており，その才能を活かせる若しくは見つけることができる環境へ優秀な人材が集まる傾向が高まっています。今後，人材の確保がより難しくなるなか，才能を活かせる・見つけることができる土壌が無い場合には，特に優秀な人材の採用は困難になると考えられます。また，新しい市場を見つけるうえでも様々な才能を持った方を活かせるかどうかが重要なポイントとなります。

　今後，事務所経営をしていくうえでは，決まったことを実施するための育成という点に加えて，本人の才能を活かす育成が必要となり，その育成を実現するうえでの土壌として，①資格以外の才能にフォーカスをする，②チャレンジする機会を与える（ポジションを用意する。），③成果が出ることをサポートし成功事例を作ることが，必要だと考えられます。もちろん，事務所経営を安定的にするうえで，弁護士の秘書・事務としての才能がある方には，その才能を存

分に活かしご活躍をして頂くことが前提となります。これからの時代を考えたうえでは，法律事務所以外の組織には，どのような職種やマネジメントシステムがあるかをインプットして頂きつつ，法律事務所経営応用をして頂き，多種多様な人材が，各才能を最大限活かし，未来を切り開く新しい組織を作って頂きたいと思います。本項目が，皆様の経営に少しでもご参考になれたのなら幸甚でございます。誠にありがとうございました。

開幕

「小早川さん，採用のほうはどうかな？」

毛利は，裁判所から事務所に帰ってくるなり，小早川に聞いた。小早川は，「履歴書が 5，6 通届き始めてますよ。後でコピーして持っていきます。」と応える。

毛利は，（どんな応募があるんだろう。今すぐ履歴書見たい。）と思ったが，忙しそうな小早川の様子を見て，思いとどまった。

毛利法律事務所は，開設から半年がもうすぐ経とうとしている。事務所の経営も何とか軌道に乗ってきて，クライアントも増えそうな見込みである。今後の業務量増加を見据えて，法律事務職員の採用を決めたのだ。

法律事務職員を増員することは，経費の増加につながるためリスクになる。また，法律事務職員を増やすよりは，オープニングスタッフの小早川の給与を増やしてあげたいとも考えた。

ただ，毛利としては，今後はマーケティングや広報にもより一層力を入れたいと考えていた。それが，今後の事務所の発展につながると考えているからだ。その活動のためには，自分自身の考える時間を確保したかったし，経理に，接客に，事件処理補助に大車輪の活躍をしている小早川の時間を確保し，将来への投資活動に協力してほしかったのだ。

このことは，小早川には既に伝えてあった。今すぐに小早川の給料をあげるよりも，事務所の将来を考えた活動のために，新しく人を採用したいという毛利の言葉に，小早川は賛成してくれた。これで有給が取りやすくなりますね，と言ってくれたので，毛利の気は楽になったが，小早川の理解にいつまでも甘えるわけにはいかないと気を引き締めたのだった。

　「民間企業つかってみて良かったですね。面白い経歴の方が応募してくれてますよ。」小早川が言う。

　（もう履歴書見たのかよ！）と毛利は思ったが，それは言わずに「そう，それは良かった。私も早く履歴書見たいよ。」とだけ言った。

　採用を決めたあと，弁護士会のホームページに採用広告を出すのと，民間の採用媒体に出稿する方法のどちらが良いか，という点について２人で話し合った。弁護士会は無料でできる点が魅力的であったが，結局は民間媒体にした。その決め手は，どのように法律事務所を発展させていくか，というところだった。よりマーケティングに力をいれることや，業務システムの合理化効率化を図っていくことなどを話し合った。

　その結果，弁護士会のホームページは限られた範囲でしか訴求力がないため，より広く人材募集をかけるため，民間業者の力を借りることにしたのだ。

　広告出稿料の負担は小さくはなかったし，法律事務所以外の企業も集まる民間媒体のなかでどうやって事務所をアピールするかなど考えることも多かった。毛利法律事務所には，実績らしい実績は何もない。あるのは，夢と希望と，それを成し遂げたいという信念だけだったから，それを素直に書くしかなかった。

　小早川は，きっと胸に響いてくれる人はいますよ，と満足気であったが，毛利はこんな募集広告で良いのか？　と半信半疑であったのだ。ところが，既に応募が何通か来ていて，面白い内容だというではないか！　こんな小さい事務所に来たいと思ってくれるなんて，心からありがたいことだと思った。

1 法律事務職員の採用

(1) 採用とは何か？

　私は，もっとも大切な経営活動が採用だと考えています。

　今となってはやや古いが，「ビジョナリーカンパニー2　飛躍の法則」（ジム・コリンズ，日経BP社，2001年）という経営書の名著には，「誰をバスに乗せるか」という話が出てきます。企業をバスに例えたうえで，「このバスでどこに行くべきかは分からない。しかし，分かっていることもある。適切な人がバスに乗り，適切な人がそれぞれふさわしい席につき，不適切な人がバスから降りれば，素晴らしい場所に行く方法を決められるはずだ。」と説いています。「何をするか」（バスの行き先を決める）よりも「誰とやるか」（誰とバスに乗るか）が，成功・飛躍への道だということです。

　現在やろうとしていること，やらなくてはならないことがあったとして，いかにそれが素晴らしい計画であっても，それを実現するのは人なのです。現在やろうとしていることが見えなかったとしても，その霧を晴らしてくれるのは，人との対話なのです。

　共に働く仲間に恵まれることが本当の幸運です。採用活動とは，経営活動の出発点であり，到達点だと私は考えています。

(2) 採用は難しい……けれども本気で！

　採用が，経営の根幹だとしても，実際のところは相当難しいというのが本音のところです。

　良いと思って採用しても，ミスマッチだったり，伸び悩んだり，力を発揮する前に辞めてしまったり，これからという時に辞めてしまったり……。

　もちろん，すべてが採用だけで解決するものではございません。

教育体制，就労環境，本人のライフプランといった様々な要素がからみあって成功したり，うまくいかなかったりするのです。

　採用での，わずかな時間で，その人のすべてを見抜くことは不可能です。何なら，時間がたくさんあっても不可能かもしれません。

　そうであれば，採用とは一体何なのだろう。時間と労力と費用を投下して，私たちは何をしているのだろうと思ってしまうときもあります。

　とはいえ，私はそれでも採用は本気で情熱を傾けてやるべきだと考えています。その理由をお伝えします。

　まずひとつめですが，採用活動とは，これから始まる（採用する）法律事務職員とのコミュニケーションの第一歩ということです。

　最初の一歩から本気でやらずに，後日できるわけがございません。

　採用という場におけるコミュニケーションは，自分たちがどのような法律事務所で，何を目指そうとしていて，どんな環境なのかを伝えることなのです。一方で，求職者からは，自分がどのような人生（経歴）を歩んできて，何ができて，何をしたいかを伝えることなのです。

⑶　採用コミュニケーション

　採用のスタートは，ほとんどが，事務所側からのアクションです。採用広告を様々な媒体に出す，良い人材がいないか知り合いに尋ねるなど方法は様々であります。

　どのような方法による募集であっても，私はどこかのタイミングで，求職者に対して，自分たちの法律事務所が，どのような事務所なのか，何を目指しているのか，どのような環境なのか，何を期待しているか……などをきちんと伝えるべきだと考えています。

　そして，それは可能ならば，ボスだけが考えて伝えるのではなく

て，在籍している所員と一緒に（一部のプロジェクトチームでも良いので）考えることをお勧めします。

　自分自身のやりたいことは何なのかを深く考えるきっかけになるし，同時に，採用手続きに周囲を巻き込むことで，組織として何をしたいのかを話し合い，理解する良いきっかけになるからです。

　さらに，不幸なミスマッチを防ぐために，どのような職場環境なのかをなるべく正確に伝えるべきです。

　ここを隠して，甘い言葉で勧誘しても良い結果は待っていません。

　私の失敗談を披露すると，採用説明会にて家族的意識，仲間意識の大切さを説明したことがあります（そのような一面も事務所にはあり，私は大切に考えている。）。しかし，私の意図と異なり，「周りに支えてもらえる」点を志望動機とするような募集が増加したことがあり，少し困惑しました。私たちの基本は自立して戦うことであり，それを前提としての仲間意識であるからです。

　ところで，私が秀逸だと思った人材募集文を紹介します。

　「至難の戦場，僅かな報酬，
　　剣林弾雨の日々，絶えざる危険，
　　生還の暁には名誉と称賛を得る」

　これは，「幼女戦記」（KADOKAWA）という小説（漫画もアニメもある。）のなかで，主人公自身が率いる第203大隊の兵士募集の際の文章です。

　短い文章のなかに，どのような仕事なのか，そしてその先に何が待っているのかが端的に表現されているので紹介しました（フィクションなので実際に使うのは良く考えてほしい。）。秀逸な採用募集文ではないでしょうか。

　さすがにフィクションだけの紹介ではどうかと思いますので，私の事務所（弁護士法人リリュ）の創業者である谷清司弁護士の採用説明会でのスピーチを紹介します（何十回となく説明会をしており，毎回話の内容は違うので，私の記憶のなかの印象的なスピーチを断片的に紹介したものであることはお断りしておきます。）。

　谷のスピーチの特徴は，人生の悔しさと怒り，それを克服しようとする努力に焦点が当てられていることです。

　「お金がなくて，お昼も買えなくて，551の肉まん（2個セットで売られていた）を，1個だけ売ってくれと，売り子のおばちゃんに必死に絡んで，喧嘩」した話（その後，自己嫌悪で数日間家から出られなくなった話。）。

　やっと弁護士になっても，周りの先輩法曹からは，「先輩が大手の企業はとっていて，君たちには何も残ってない」と言われた話。

　「大学時代の同期と飲んでいて，これからは主婦の活用の時代だよ」と言われ，何とか試験に合格したが落ちていてもおかしくなかった自身の受験時代を思い出し，受験に破れて連絡も取れなくなった友人のことも思い出して，「それよりも司法試験に落ちた人を活用したほうが良い」と言ったが，鼻で笑われ，馬鹿にされて，本当に悔しかった話。

　「肉まんで喧嘩して落ち込んだ話が15年くらい前の話。法人を作ったのは10年前。その時々は，自分がここで，みなさんにお話しできるような立場になるということも，法人がここまで発展できるとも思っていませんでした。

　今みなさんが，どのような事があって，なぜここにいるのか，私は知りません。

　しかし，今から本気で目指して，頑張れば，10年後，15年後，

今の想像よりずっと高いところに行けるということを知ってほしい。」

「人生何かに失敗して，うまくいかなかった人に，力を発揮してもらえるような組織を作りたい。例えば司法試験に失敗しても人生で一旗揚げられるような組織を作りたい」という思いなのです。

「仕事は正直いってきつい。助けを求めてくるクライアントからもつらく当たられるときもある。仕事量も多くて，大変な時期もある。」こと。

「民法では，法人というのは自然人が一人ではできないようなことをするために生まれた法制度だったはず。しかし，実際は法人が自然人を縛り，苦しめていないか。」

「30代40代に最も自由に力を発揮するような組織であるべきだ」

他にもいろんな話をしているはずですが，以上で紹介した話はよくしておりましたし，私の記憶にも残っています。

これは，谷の思いであり，組織を作った根源的な思いなのです。しかし，そのような話を聞いて，事務所に入った人は，多かれ少なかれ，サリュに関わる人を幸せにしてこその組織であるとの思いが確かにあると思います。

本書の読者には，それぞれに法人を作った思い，こうしたいという根源的な思いがあるはずですから，それを是非伝えてあげてほしいと願います。

⑷　どうやって採用をするのか？

①　リファラル採用が一番！

法律事務職員の採用の手法については，①リファラル採用（縁故採用・紹介採用）も多いのではないかと思われます。

事務所から独立するにあたり，在籍する事務所の職員の移籍を了承してもらうとか，知り合いなどから法律事務職員の紹介を受

けるパターンです。

　自分または信頼のできる他人が，一緒に働いて，その人柄や能力を判断しているわけで，採用の精度としては高い手法です。「誰とやるか」が大切という点では，①リファラル採用は，優れた方法です。

　しかし，最大の欠点は，そうそう簡単にリファラル採用はできないという点です。私の事務所でも，リファラル採用は全体の1割にも届きません。

　最近では，従業員に自事務所（自社）で働いてほしい人を紹介してもらい，採用・勤続した場合にインセンティブ報酬を払うという制度を設けているところも多いです。

　私は，インセンティブ報酬は良い制度だと思いますが，金額はあまり重要だとは思いません。

　大切なのは，制度が周知されていることと，従業員が友人知人を紹介しても良いと思える事務所であることだからです。従業員が，大切な友人知人に，自分の就業先を紹介してくれるというのは，経営者にとって大変な名誉です。素直に嬉しいと私は感じます。

　従業員も，プライベートの時間とお金を使って，その友人知人と話してくれています。インセンティブとは，そのことへの感謝の気持ち，お礼を形として示すものであります。何よりも，経営者と友人知人からの心からの感謝こそがその従業員への報酬なのです。

　リファラル採用は，従業員がその人柄等を見極めており，従業員の話を通じてその応募者に業務内容や事務所の風土などの説明がなされており，ミスマッチも少なく，定着率も活躍する可能性もとても高い採用方法です。

　類似の方法としては，学生時代のアルバイトやインターン，

ロースクールのエクスターン受け入れなどでお互いに理解を得た
うえで採用に至るというものもあり，実際にその手法を取り入れ
ている事務所もあります。

　また，これは一般企業の話で，かつコロナ前の話だが，毎月
ちょっとした食事会（パーティ）を開催し，そこに自由に友人知
人を連れてきても良く，社風や雰囲気が気に入ったら応募しても
らうという制度もあります。これは私も参考にして，（コロナ前だ
が）事務所内の定期的なフットサルのときに，自由に外部の人
(学生だったり，業者さんだったり，他事務所の弁護士や法律事務職員だっ
たり……）を連れてきても良いというシステムでやっていたこと
もあります。

②　公募採用をよりうまくいかせるために
　リファラル採用の最大の欠点が，そうそう簡単にできないし，
人数的には限られてしまうことです。そのため，ほとんどの場合
は，公募による採用活動を取ることになります。

　弁護士会のホームページ，ハローワーク，民間の媒体（イン
ディードやマイナビ，リクナビなど）に掲載するというのが一般的で
す。

　媒体の力を借りて，直接知らない人にまで募集を告知すること
ができるため，一定数の応募を集めることが可能であるし，まだ
見ぬ素晴らしい人財と出会える可能性を秘めています。その一方
で，お互いにほとんど情報がなく，ミスマッチが起きやすいのが
欠点です（媒体によってはけっこうお金もかかる。）。

　そのため，公募採用の場合は，いかにミスマッチを防ぐかの双
方向コミュニケーションに工夫が必要となります。

以下，採用時にきっかけとしてみんなで考えてみると良いと思う

ことを列挙したので参考にしてもらいたいと思います。

【己を知るための3つの質問】

Q1　事務所の目的・使命は何ですか？

　目的・使命と言われても……というのが率直なところだろうか。あなたの事務所が，社会に対してどのような使命，目的，ミッションをもつのか，という問いになります。

　私たち弁護士には弁護士法1条1項の使命（基本的人権の擁護と社会正義の実現）があるから，弁護士の使命を法律事務所の使命と考えることも多いのではないかと思います。

　しかし，人権擁護，社会正義といっても，多面的であり，幅の広い概念です。

　最近では，理念や使命をはっきりと持っている法律事務所も多く，そのホームページを調べてみると，人権擁護や社会正義の実現をより顧客の顔が見える形で具体化し，法律紛争下にある企業・国民に対してどのような存在でありたいか，という思考で具体化している事務所が多いようです。

　「安心感」「頼れる存在」「納得」「気軽に相談」「感動」というクライアント側に抱いてほしいイメージに着目したもの，「広い視点からの提案」「専門性」「日常生活を守る」「挑戦を支援」といった事務所側のサービスの方向性に着目したものの2つに大きくは分類できます。

　使命をもって事業を始めるなんてことはほとんどなくて，事業をしているうちに使命に気づくというのが普通です。したがって，現在ミッションを言語化できなくても気にする必要はございません。

　ミッションを考える場合には，今まで自分がやってきた「事業」が，どのように「社会」に貢献してきたのかとか，どのような場面

でどのように考えて，どのように悩み解決してきたのかを探ると，自分が正しいと考えていること，やりたいと考えていることは探しやすいと考えています。

Q2　どのような組織を目指したいですか？

ミッションを果たすうえで，どのような組織になりたいか，どう変わっていきたいかという質問です。

うちは，弁護士一人，法律事務職員一人だから関係ないと思わないでほしい。組織とは「共通目標を達成するために構成員の役割や機能が分化・統合されている集団」を指します。弁護士一人，法律事務職員一人であっても，この定義に当てはまる以上は組織であるのだから。

法律事務所という職業の性質から「プロフェッショナル」「高い専門スキル」といった組織像を標榜する事務所が多いと思われます。また「業務効率の徹底」なども組織像としてはありうるでしょう。

Q3　構成員はどのような考え方・価値観をもって行動すべきか？

理想の組織ができたとして，その構成員はどのような価値観をもって行動しているかを考えてみましょう。あるいは，どのような価値観だったら嫌かを考えてみましょう。

クライアントファースト？　ワークライフバランス？　勉強熱心？　挑戦を喜ぶ？

こういった構成員のあるべき価値観は，「クレド（Credo）」と呼ばれる行動指針としてまとめられることが多いようです。

⑸　採用の工夫

① 採用説明会

　募集段階のコミュニケーションの工夫としては，企業説明会をお勧めします。募集の文章で書き難いことも，説明会ならば伝えることができると思います。

　事務所の成り立ち，事務所の理念や風土，実際の業務内容，どのような人材を求めているのか。きれいごとばかりでなく，シビアな点なども募集の前に説明するのです。

　そんなことをする時間や費用がもったいない，と思うかもしれないし，シビアな点を説明することで応募が減るかもしれないと不安に思うかもしません。

　しかし，せっかく入社してくれた後にやめてしまうほうがずっと損失は大きい。採用説明会とは，何よりコミュニケーションをしっかりとるという気持ちの表れなのです。

　仕事を一緒にするとは，人生の多くの時間を共に過ごすことになります。そして，ご存じのとおり，一度雇用したら簡単に辞めさせることはできないし，辞めたい人を無理やり引き留めることもできません。

　一緒に働く仲間探しは，どれほど時間かけても良いと思います。採用は，たくさん応募があることではなく，たった一人でも一緒に働きたい人がいることが成功なのです。

　それに，デメリットも工夫次第で何とでもなるのではないでしょうか。

　毎回説明会を開く手間と費用が問題なら，動画で代替するとか，オンライン会議システムで説明会を開催するとかです。

② 書類選考

　ミスマッチをなるべく避けるには，応募のための書類も工夫を

します。履歴書と職務経歴書を提出させることが多いのですが，その書式をオリジナルにする（事務所ホームページからダウンロードさせる。）とか，さらにプラスアルファするとかです。

例えば，私の事務所では，履歴書ではなくエントリーシートと呼び，独自の書式を使っていますし，プラスアルファでは題材自由のエッセイを提出してもらっています。文章力，ものの見方・考え方，使いまわしもきかないため熱心に応募しているか否かなどが分かります。

③　面接

面接も，複数回，複数の面接担当での面接を推奨します。たった1度，数十分の面接だけでは働く仲間は選べません。コミュニケーションの回数は多いほど良いのです。

もちろん，そのためには貴重な時間を使ってしまうのですが，採用こそが経営の根幹でありますから，それは問題ではございません。

複数回の面接の一部に，法律事務職員を介入させている事務所も多いようです。私は，法律事務職員が採用活動に関わることは賛成です。

ただし，法律事務職員に手ぶらで採用活動に関わらせるのは時間の無駄であって結果も伴いません。事務所の理念・目指すところは何か，そのためにどのような業務を担当させるか，どのように働き，どのように成長してほしいのか，このような点を共有したうえで採用活動を協働させます。

法律事務職員も事務所を客観的視点から見ることとなり，大きな成長のきっかけになるばかりか，業務を仲間に任せることで，時間の効率化にもつながると考えます。

座談会：『どんな採用をしていますか？』

平岡：みなさん，今回のテーマは，採用です。

　　まずは，簡単にそれぞれの事務所の採用活動を紹介してもらいましょう。

　　私の事務所では，採用部会と呼んでいる，弁護士スタッフ混合のプロジェクトチームが組まれ，募集活動から書類選考，面接まで決定権限をもって取り仕切っています。

　　採用ルートは，最近リファラル採用（要するに縁故）も開始していますが，基本的には採用媒体を使って一般公募で行っています。

　　代表も含めた最終面接を行い，その後採用を決定しますが，代表の面接は追認とその後の配属決定への関与という側面が強く，採用部会が多くを決定しています。

　　プロジェクトチームも１年２年単位でメンバーを入れ替えていますが，採用を通じて経営的な側面で成長したり，自社の良い部分を再発見したりと，法律事務職員に主体的に関与してもらうのはメリットだと感じています。

A弁護士：私は弁護士会や採用媒体を通じて採用活動をしています。業務拡大にともなって必要に迫られて，という形ですね。

　　基本的には経験者を優遇していますし，今のところ全員経験者を採用できています。

B弁護士：当事務所も，採用媒体を通じて採用活動をしています。

　　面接にもスタッフに参加してもらっています。事務所のことを考えてもらう良い機会になっています。

C弁護士：私の事務所は，すべて縁故採用です。

　　一生の職場となるように意識して環境を整えています。

D弁護士：現時点では当事務所もリファラル採用のみですね。

　　一応，弁護士会の求人に出して公募も併用しているのですが，

結果としてこうなっています。

　面接は事務局長を中心に法律事務職員に先に行ってもらいます。もちろん，事務局長とは採用基準は共有しています。それをクリアすると私が面接して，最終決定します。

E弁護士：私の事務所では，ハローワークと求人媒体で募集しています。

　事務所の理念である，「法的解決にとどまらない価値」を提供していきたいという考え方に共鳴してくれる人を採用したいと考えています。

　ミスマッチは防ぎたいので，最近は面接は3回はしています。1次は事務局長，2次3次が弁護士面接です。

F弁護士：当事務所も求人媒体を利用しています。スタッフサイドからも一緒に働きたいと思える人材を採用するため，面接では，スタッフに主任面接官を任せています。

G弁護士：私の事務所でも，ハローワークと求人媒体で募集しています。法科大学院卒をターゲットにした求人を出していたこともありました。最近は法科大学院卒業者の応募がほとんど来なくなりましたが……。コミュニケーションを円滑に取れる人を採用しようと思っています。法律事務所自体が人助けを生業としているので，素朴に人の役に立ちたい，社会の役に立ちたいという思いを持ってくれている人は採用にあたっても好印象ですね。

平岡：ありがとうございます。

　もし，採用基準などありましたら教えてもらえますか。

　ちなみに，私の事務所では，「理念への共鳴×仕事への熱意×素養×フィーリング」ですね。

A弁護士：向上心のある人，明るい人ですね。

　やはり，明るい人は，所内の雰囲気も明るくしますし，初めて事務所に電話してくれたクライアントにも良いイメージを与えま

すから。

　向上心については，法律事務職員に資格を取ってもらって，いろいろ一緒に行っていきたいと思っていて，それで向上心のある人が良いと考えています。

B弁護士：コミュニケーション能力が高くて，人にやさしい人ですね。後は今のメンバーとうまくやっていけそうかは大事です。

D弁護士：私は，指示がないと動けない人よりは，目的を共有できて，自分で考えて動ける人が良いと考えています。

E弁護士：学歴や経歴というよりは，人柄と理念への共感性を重視しています。

F弁護士：仕事が丁寧で大雑把ではない人，相手にマイナスの印象を持たれない人を集めていますが，最後はなんと言っても，一緒に働きたいと思えるかどうかに尽きると思います。

G弁護士：私は，リーガルサービスの提供を通じて依頼者に喜んでもらえる，自分自身もそれに喜びを感じることのできる人を集めたいと思っています。事務局積極活用の秘訣は，弁護士と事務局との間の密な情報共有であって，そのためのコミュニケーション能力であると思っています。これが真理だと！

平岡：そうですよね，分かります。

　皆様，何か，採用活動で工夫している点などありますか。

　うちの事務所ですと，応募前に，事務所説明会を開催して，どのような職場か，どのような仕事を求めるか，どうなっていきたいかなどをきちんと説明するようにしています。あとは，面接の後に食事会の場を設けて，面接の場ではないその人を見るようにしています。

E弁護士：3回の面接のうち，2回目のときに，事務所の理念，考え方は直接説明するようにしています。また，募集要項で，職務内容などはなるべく正確に伝えられるようにと意識しています。

Ｆ弁護士：相続事件に関わる金融機関宛の手紙を作成してもらったりしています。

Ｄ弁護士：国語の試験してます……。

複数弁護士：同じ……！

平岡：国語の試験，私の事務所でもしたことがありますけど，やはり文章力とか読解力をみたいという点でしょうね。

　　コミュニケーションをチャットとか文章で行うことも増えていますし，書面をスタッフが起案することもありますから，国語力はしっかりしていてほしい！　という気持ちは分かりますよね。

全員：（うなずく）

2　法律事務職員の教育

(1)　法律事務職員教育の実際

　大手法律事務所や，特に法律事務職員活用に力を入れている事務所ならば格別，ほとんどの事務所では OJT 教育を中心とした，現場での弁護士・先輩からの経験の伝授といった形がほとんどです。

　法律事務職員の業務内容が，事務所によって異なる以上，教育の中心部分は OJT によるほかございません。しかし，法律事務職員の基礎的な素養，倫理，スキルというものは確実に存在するが，体系的に学べるようなシステムは存在しません。

　今後は，JALAP（日本弁護士補助職協会）で，『法律事務職員基礎講座』と題して動画によるセミナーを作成することなどにも挑戦していきたいと考えます。

(2)　有能な法律事務職員を育てるための 10 箇条（鈴木寿夫）

　以下は，長年法律事務職員として多くの後輩の教育にあたり，現在は JALAP の理事であり事務局長として法律事務職員の教育や地位向上に奔走する鈴木寿夫氏の寄稿です。

- -

　　他の箇所でも触れていますが，新人の法律事務職員を一人前に育てるのは結構大変な事業と言えます。

　　ほとんどの弁護士は法律事務職員として仕事に接したことはありません。法律事務職員は，たとえ弁護士業務の一部を担う場合であっても，弁護士とは異なる視点で接することになりますから，そのような法律事務職員に仕事を教えるというのは，実は弁護士にとっては未知の世界なのです。多くの弁護士は，法律事務職員がどのような点に疑問を持つのか，どの程度の理

解力で仕事を覚えていくのかを知らずに仕事を教えるわけですから，ある意味うまくいかないのが当然です。

　その意味では自ら一度仕事を覚える過程を経験している先輩法律事務職員のほうが，実は教師役としてはふさわしいのです。日弁連や各弁護士会が法律事務職員向けの研修会を実施する際に，その多くで法律事務職員を講師に採用しているのもある意味当然のことなのです。

　しかし，先輩の法律事務職員がいない，弁護士と法律事務職員が1対1の事務所では，弁護士が法律事務職員育成というこの困難な事業に挑戦するしかありません。そこで，ここではベテランの法律事務職員から知恵を借り，法律事務職員育成のノウハウを教授してもらうことにします。名付けて「有能な法律事務職員を育てるための10箇条」です。ぜひ参考にして下さい。

① 法律用語は知らないと思え

　法律事務職員は法律の素人です。

　ですから弁護士が常識と思っている法律用語や法律事務所特有の略語等は最初は全く知りません。仕事を教える際にわからない用語を交えて説明してもわかるわけありません。内輪意識をなくして，依頼者に説明する際のような丁寧な説明を心がけましょう。

② 覚えてもらうことは一度に一つで良い

　仕事は系統的に覚えないと本当に理解したとは言えません。

　しかし，新人の法律事務職員に一度に多くのことを理解させようとすると逆に混乱します。最初から欲張らずに一つひとつ確実に覚えてもらうことを目標にします。3年ぐらいかけてじっくりと仕事を覚えてもらうつもりで接します。

③　仕事の流れを意識させる

　　そうはいっても仕事の流れを理解してもらうことは重要です。
　　内容証明郵便を出したら，それが後に請求等の証拠となるこ
と。書証をコピーで作成したら，それが法廷で証拠として使わ
れることなどを一言添えると良いでしょう。そのようにして多
くの仕事を経験するなかでやがて点と点がつながって全体像が
見えてくるのです。

④　指示は必ずメモ，書面で行う

　　忙しいとつい口頭で仕事の指示をしがちですが，口頭での指
示は間違いのもと。指示は必ずメモや指示書，E-mail など書
面で行うようにします。

⑤　仕事のルールを明確化させる

　　勤務時間，待遇等はもちろん，仕事の指示の仕方，報告の仕
方等も含め，仕事のルールを明確化し，法律事務職員が混乱し
ないようにします。

⑥　仕事の成果を共有する

　　例えば，法廷を傍聴させて実際に自分の作成した書面等がど
のように使われるか見せる。事件が解決したらその内容を知ら
せ，依頼者に感謝されたことを報告する。などなど成果を共有
することは，法律事務職員に自分の仕事の重要性を意識させ，
モチベーションを高める重要な意味があります。

⑦　法律事務職員の仕事に誇りを持たせる

　　最初からやる気のない法律事務職員はいません。「君はこれ
とこれだけやってくれれば良いから」「難しいことはやらなく
て良いから」と法律事務職員の仕事を軽んじる姿勢を見せるの
は厳禁です。

　　そのような言動は法律事務職員の向上心を阻害し，積極性を
なくし，やがてやる気のない法律事務職員が生まれます。たと

え単純で簡単に見られる仕事でも，弁護士業務の重要な一翼を
担っていることを常に意識させます。

⑧　新しい仕事に挑戦させる

弁護士の指示と監督の下であれば，実際に法律事務職員が行
える仕事はかなり広範囲です。法律事務職員の成長に応じて新
しい仕事に挑戦させることにより，法律事務職員の仕事の可能
性を拡げます。

⑨　法律事務職員同士のつながりを重視する

事務所だけの狭い世界に閉じ込めずに他の事務所の法律事務
職員との交流を積極的に奨励します。同じような悩みを抱えな
がらともに成長できる仲間がいることは，小さな職場で仕事を
続けるうえでとても大切です。

また事務所内では得られない優秀な先輩法律事務職員と知り
合いになることは，大きな利点にもなります。

⑩　具体的な目標を持たせる

例えば，日弁連の能力認定試験に挑戦させるなど，自らの能
力向上の目標をもたせることは法律事務職員のモチベーション
を高めるうえでも重要です。具体的な研修の受講計画等を一緒
に考えると良いでしょう。

- -

本書の第2部のテーマとして，「コミュニケーション」を掲げま
した。

鈴木氏の寄稿の根底にも，相手である法律事務職員のことを考え
て教育をしていく，双方向のコミュニケーションを強く意識してい
ます。

⑶　JALAP の法律事務職員育成支援システムについて（鈴木寿夫）

　法律事務職員の育成は，一人前の職業人を育てる大切な事業ですが，弁護士と法律事務職員が 1 対 1 等の規模の小さな事務所では，なかなか困難な事業でもあります。JALAP では，そのような弁護士と法律事務職員のための法律事務職員育成支援システムを準備しました。

　仕事に直接役立つアドバイス動画とベテラン法律事務職員との交流のための Zoom 等の交流システムにより，一人ひとりの法律事務職員に寄り添った育成支援を行うものです。

①　初めての業務お助け動画（有料）

　通常の法律事務職員のための研修動画は大体 2 時間くらいの講義になっています。これはこれで系統的な知識を得るためには有益ですが，もっと日々の業務に直接役立つ研修動画を作成しようということで準備したのが次頁の一覧表の「初めての業務お助け動画」シリーズです。

　1 本 10 分～ 15 分程度の短時間に編集されており，関連する書式等も別にダウンロード可能になっています。

　文字どおり，初めて行う業務の際に事前に，あるいは業務を行いながら視聴するものとして作成しました。弁護士が細かく説明しなくても，まずはこのお助け動画を見て法律事務職員が行ってみて，確認だけを弁護士が行うことような利用方法を想定しています。

②　ベテラン法律事務職員との交流システム

　研修会の講師を務めるようなベテラン法律事務職員を中心とした Zoom 交流会を週 1 ～ 2 回定期的に開催します。Zoom で直接

質問できるほか，守秘義務等に配慮して，事前にメールで送付された質問について，一般化したうえで解説します。

　そのほかに法律事務職員会員同士の交流のための Chatwork などでも直接交流することができます。

③　利用方法

　一部会員外でも購入可能ですが，基本的には JALAP に入会して利用していただくことになります。

　入会方法は，ホームページ（http://jalap.jp）をご参照下さい。

　会費は，法律事務職員会員　年会費 6,000 円，弁護士会員　年会費一口 10,000 円となっていますが，弁護士会員の場合は一口につき会員 ID が 2 つ付きます。つまり弁護士会員で一口入会すれば，弁護士の他に法律事務職員の ID も交付されますので，別に法律事務職員として入会する必要はありません。年 10,000 円で優秀な法律事務職員アドバイザーが得られるわけですので，ぜひご検討下さい。

『法律事務職員基礎講座』

　※ 2023 年夏頃開講予定

　※順次，新作をアップする予定

	初めての業務お助け動画⑴　基本編		5	受任契約書，報酬契約書
1	弁護士とは，法律事務所の仕事		6	金員の受領と領収証の作成
2	事務職員の役割と心構え		7	コピーの取り方の基本
3	電話の受け方		8	FAX と郵便物の処理
4	来客対応，応接の基本		9	E-mail の利用上の注意事項

10	郵便の種類と利用方法
11	内容証明郵便の作成と郵便局での発送
12	Ｅ内容証明の提出方法
13	不動産登記事項証明書の取り寄せ
14	インターネットでの不動産登記事項証明書の取り寄せ
15	地図・公図等の請求
16	インターネットでの地図・公図の請求
17	不動産登記情報提供サービスの利用
18	会社・商業登記事項証明書の請求
19	インターネットでの商業登記事項証明書の請求
20	商業登記情報提供サービスの利用
21	不動産登記閉鎖謄本等の請求
22	商業登記閉鎖謄本等の請求
23	固定資産評価証明書の取り寄せ(1)職務上請求
24	固定資産評価証明書の取り寄せ(2)その他の請求
25	固定資産公課証明書の取り寄せ

26	住民票の職務上請求（訴訟等の場合）
27	住民票の職務上請求（訴訟以外の場合）
28	戸籍事項証明書の職務上請求（訴訟等の場合）
29	戸籍事項証明書の職務上請求（訴訟以外の場合）
30	住民票の業務上請求（Ｄ用紙）
31	戸籍事項証明書の業務上請求（Ｂ用紙）
32	除かれた住民票の請求
33	除籍・改製原戸籍等請求
34	戸籍の附票の請求
35	弁護士会における各種証明書
36	弁護士法23条の2照会手続き
37	自動車登録事項証明書の取り寄せ
38	交通事故証明書の取り寄せ
39	民事訴訟事件記録の謄写（利害関係人）
40	刑事訴訟事件記録の謄写（被害者等利害関係人）

	初めての業務お助け動画(2)　民事事件編
1	裁判所・裁判制度の基本
2	訴状の作成と提出
3	訴訟の管轄の基本
4	訴額と手数料
5	訴状の添付書類
6	訴訟委任状の記載内容
7	書証の作成方法
8	訴状の送達，転居先への再送達
9	不在の場合の再送達方法
10	書留郵便に付する送達
11	公示送達の申立て
12	被告代理人としての受任と答弁書の提出
13	第1回口頭弁論期日と擬制陳述
14	期日の変更申請
15	準備書面の提出と直送
16	書証と証拠説明書

17	ファクシミリで提出できる書類とできない書類
18	相手方への訴訟書類の直送
19	証拠申出書と証人尋問
20	尋問調書の謄写
21	和解と和解調書の取り寄せ
22	訴えの取り下げ
23	判決と判決正本の送達
24	判決正本送達証明書，判決確定証明書の申請
25	執行文付与の申し立て
26	控訴と控訴期間
27	控訴状の作成と提出
28	控訴理由書の提出と控訴審における手続き
29	上告と上告受理申立て
30	上告理由書，上告受理申立理由書の提出
31	上告審の判決
32	訴状費用額確定処分
33	民事調停と管轄

34	民事調停申立書の提出
35	支払督促の申し立て
36	仮執行宣言の申し立て
37	督促異議の申し立て

38	起訴前和解の申立て
39	労働審判申立て
40	労働審判手続きの特徴

	初めての業務お助け動画(3)　家事事件編
1	家庭裁判所と家事事件の特徴
2	家事審判と家事調停
3	家事事件の記録謄写
4	審判書・調書等交付申請書
5	夫婦関係調整（離婚）調停申立
6	婚姻費用分担請求調停申立て
7	財産分与請求調停申立て
8	年金分割請求調停申立て
9	養育費請求調停申立て
10	面会交流請求調停申立て

11	子の氏変更許可の申立て
12	遺産分割調停申立て
13	遺言書検認の申立て
14	遺言執行者選任申立て
15	相続放棄の申述
16	相続の承認または放棄の期間伸長申立て
17	相続限定承認の申述
18	相手方への訴訟書類の直送
19	成年後見等開始の申立て
20	登記されていないことの証明書の申請

	初めての業務お助け動画(4)　刑事事件編
1	刑事事件の特徴
2	刑事事件の基本的な流れ
3	弁護人としての仕事，私選弁護と国選弁護
4	国選弁護の特徴と注意事項
5	弁護人選任届の提出
6	勾留状謄本の請求,勾留理由開示等
7	被疑者との接見，示談交渉，被害弁償
8	保釈請求，保釈保証金の納付方法
9	起訴と証拠
10	略式命令，即決裁判，公判手続

11	刑事記録の謄写申請
12	証拠の作成と書面の提出
13	論告求刑，最終弁論と判決
14	控訴・上告，控訴趣意書の提出
15	再保釈手続き
16	裁判員裁判
17	犯罪被害者の裁判参加
18	少年事件の特徴
19	付添人の役割
20	審判，記録の閲覧謄写

⑷　日弁連能力認定制度

　日本弁護士連合会では，2008年から法律事務職員能力認定制度を設けており，2022年5月時点で，4695人の認定試験合格者を輩出してます。

　この能力認定制度とともに，法律事務職員研修も実施しており，2021年からはE-ラーニングによって「いつでも，どこでも，なんどでも」受講することが可能になっています。

　この法律事務職員研修は，日弁連ホームページ内の法律事務職員

ページから申し込みをすれば，無料で受講可能です。

　また，能力認定試験は，日弁連が主催し，幅広い法律事務の補助をするために必要な実体法及び手続法，弁護士倫理などの知識を試されるものであり，是非，法律事務職員に受講させたい試験です。

日弁連　法律事務職員研修一覧（2022 年 5 月時点）

　※日付は日弁連の研修の開催年月日（または撮影日）です。

基本 1　民事訴訟と法律事務職員の役割　2017 年 10 月 21 日

　　弁護士　中　森　俊　久

　　法律事務職員　春　名　敬　志（あべの総合法律事務所）

基本 2―①　民事執行総論，債務者の財産情況の調査　2020 年 11 月 19 日

　　弁護士　大　住　広　太

　　法律事務職員　木　村　秀　幸（東京南部法律事務所）

基本 2―②　債権執行　2020 年 12 月 15 日

　　弁護士　田　口　正　輝

　　法律事務職員　高　岡　　麗（弁護士法人なにわ共同法律事務所大阪事務所）

基本 3　民事保全　2018 年 10 月 20 日

　　弁護士　市　川　哲　宏

　　法律事務職員　平　野　敏　男（21 世紀法律事務所）

基本 4　債務整理総論，破産並びに個人再生手続の概要　2018 年 1 月 20 日

　　弁護士　松　苗　弘　幸

　　法律事務職員　川　口　優　子（埼玉中央法律事務所）

基本 5　戸籍並びに登記簿の仕組みと見方　2019 年 11 月 9 日

　　法律事務職員　成　松　広　持（弁護士法人港国際法律事務所

　　横浜主事務所）

基本6　家事事件・人事訴訟　2018年11月17日

　　弁護士　石　井　　誠

　　法律事務職員　荒　樋　千　穂（日本大通り法律事務所）

基本7—①　相続人と相続財産及び相続分　2021年11月撮影

　　弁護士　吉　村　友　香

　　法律事務職員　平　川　春　菜（吉野和昭法律事務所）

基本7—②　遺産分割その他の相続分の変更及び相続放棄等　2021年11月撮影

　　弁護士　洪　　美　絵

　　法律事務職員　土　井　寛　憲（東京合同法律事務所）

基本7—③　遺言と遺言執行　2021年11月撮影

　　弁護士　樋　田　安　央

　　法律事務職員　岡　山　　舞（名古屋第一法律事務所）

基本8　刑事・少年，倫理　2019年12月21日

　　弁護士　西　尾　和　則

　　法律事務職員　福　光　佐和子（堺総合法律事務所）

応用1　訴訟以外の民事手続，裁判外手続　2020年1月18日

　　弁護士　清　水　広　有

　　法律事務職員　日　栄　真　美（弁護士法人愛知リーガルクリニック法律事務所）

応用2—①　不動産競売，その他の民事執行　2020年12月25日

　　弁護士　濵　田　雄　久

　　法律事務職員　富　田　宏　史（山口法律会計事務所）

応用2—②　執行官手続，子の引渡しの執行　2020年12月3日

　　弁護士　水　口　瑛　葉

　　法律事務職員　鈴　木　寿　夫（日本弁護士補助職協会）

応用3　自己破産手続，個人再生手続　2020年2月15日

　　　弁護士　平　岡　将　人

　　　法律事務職員　古　屋　寿美子（弁護士法人サリュ）

応用 4　破産管財　2018 年 2 月 17 日

　　　弁護士　川　崎　修　一

　　　法律事務職員　我　謝　賢　司（村上・加藤・野口法律事務

　　所）

応用 5　成年後見　2019 年 1 月 19 日

　　　弁護士　溝　上　絢　子

　　　法律事務職員　富　田　宏　史（山口法律会計事務所）

応用 6 —①　登記　2019 年 2 月 16 日

　　　司法書士　長　井　健　治（ながい司法書士事務所）

応用 6 —②　供託・担保取消　2019 年 3 月 16 日

　　　法律事務職員　土　井　寛　憲（東京合同法律事務所）

応用 7　民事訴訟の構造・弁護士倫理と法律事務職員倫理　2018

　　年 3 月 17 日

　　　弁護士　石　井　　　誠

番外編　民法（相続法）の改正　2019 年 10 月 19 日

　　　弁護士　橘　　　功　記

番外編　民法（債権法）の改正　2020 年 3 月 30 日

　　　弁護士　平　村　樹志雄

　　　法律事務職員　鈴　木　寿　夫（日本弁護士補助職協会）

番外編　交通事故（基本編）交通事故事件の流れと必要書類の取り

　　寄せ　2021 年 12 月撮影

　　　弁護士　平　岡　将　人

　　　法律事務職員　上　野　宏　樹（弁護士法人サリュ）

番外編　交通事故（応用編）損害額計算の基本　2021 年 12 月撮影

　　　弁護士　平　岡　将　人

　　　法律事務職員　上　野　宏　樹（弁護士法人サリュ）

座談会：法律事務職員教育について

平岡：こんにちは。今日は，法律事務職員の教育について座談会を
したいと思います。宜しくお願いします。

　　まず，私の事務所では，法律事務職員の教育については，担当
の先輩スタッフを決めて OJT を中心にしつつ，新人の期間中に
座学の機会も設けています。座学については，Zoom などを利用
して，録画して動画を保管しているのも多いですね。座学の内容
は，マナーなどの基本的なことから，弁護士倫理などの職業的義
務，さらには取扱業務に関するものまで様々あります。最近はコ
ロナもあって，移動を制限していますが，それ以前は新人の座学
の機会には，全国の事務所を回ってもらって，交流を深めること
も行っていました。

A弁護士：私の事務所では，そもそも他事務所での経験者を優遇し
て採用しておりまして，最初からある程度の実務知識がある人が
います。ただ，事務所のやり方，違いというものは当然あります
から，それは OJT を通じて学んでもらっています。

B法律事務職員：私は，事務局長として，後輩法律事務職員の教育
も担当しています。当事務所も OJT が中心ですが，業務マニュ
アルや，録画した講義の動画を順次共有するなどしています。教
える側で意識していることは，「その人にあった教育」というこ
とです。性格などもみんな違いますし，コミュニケーションしな
がら，考えながら，ちょっとずつ距離を詰めていくようにしてい
ます。

C弁護士：うちの事務所は，長く勤められる職場であってほしいと
思っています。仕事を通じて，人間的成長もしてもらいたいです
ね。教育は OJT が中心ですが，経験のある弁護士やスタッフが
講師となって所内勉強会も開催しています。人によって得手不得

手はありますから，能力に応じて伸びていってもらえたらと考え
ています。

D弁護士：私も経験者採用をしていますので，OJT中心ですね。

G弁護士：教育の目的は平準化にあり，誰が行ってもある程度以上
の水準を確保することを目標にして行っていますが，私の事務所
でも法科大学院卒・銀行や損保等の金融機関出身者・法律事務所
経験者といった方を多く採用していますので，現状はOJTが中
心です。独自の研修としては，交通事故などは業務フローに沿っ
て使うべき書類，もちろん弁護士のチェック済みのものですが，
これが決まっているのでOJTを通じて学んでいるのが現状です。

E弁護士：入所直後の期間は事務局長から研修をします。その後は
OJTになります。特に意識したいのは，一つひとつの作業が，
事件解決の全体像でどのような意味を持つのかを伝えるという点
です。この理解があるのとないのとでは大きな違いがあると感じ
ています。法律事務職員の成長は，業務効率という面はもちろん
ありますが，それ以上に仕事への喜び，楽しさに通ずるのではな
いかと考えます。

F弁護士：私もそう思います。OJTとして当初先輩スタッフと一
緒に事件を手伝ってもらう際には，できる限り具体的に事件内容
を説明して，自分がしている業務がどのような位置づけでどのよ
うな意味があるのかを理解してもらえるように留意しています。
また，クライアントとの食事会も，先方からお誘いがある場合に
はスタッフにも同席してもらっています。事務仕事に関しては，
細かい仕事のやり方に口を出すと窮屈な思いをさせてしまうので，
できる限り，スタッフのことはスタッフに任せるようにしていま
す。

平岡：やはり，OJTが教育の中心になりますよね。ところで，み
なさん事務所内の教育について述べていただきましたが，事務所

外ではいかがでしょうか。私は，JALAP の代表理事として，今後法律事務職員向けの研修メニューを充実させていきたいと考えていますが……。

A弁護士：私の事務所は，他士業の有資格者がおり，その業種の研修には出席していますね。

C弁護士：望むなら，書籍や外部研修などの費用は出しますね。

D弁護士：社外研修なら，マーケティングやマネジメントの研修は法律事務職員と一緒に出席しています。法律事務職員にはコーチングに関する研修も受けてもらっていて，将来的には，事務所風土を作る中心になってほしいと考えています。

F弁護士：私の事務所では，採用後の新人のころに弁護士会の研修にすべて参加してもらっています。

G弁護士：子育て中のスタッフが多いので実際に移動しての外部研修にはなかなか出てもらえていませんが，平日昼間の Zoom での研修には弁護士だけでなく事務局も積極的に参加しています。

平岡：ありがとうございます。それでは，法律事務職員教育の課題と感じる点などをお話しいただけますか。

　　私自身感じるのは，教育で一定水準の人材を育てることは可能ですけれども，弁護士やクライアントを感動させるような人材というものはなかなか教育では難しいのかなというところです。

E弁護士：習熟度の差がでてくるのが課題ですね。

B法律事務職員：教育の負担が，特定の人に集中するのが課題と感じています。誰でも教育をできるようにしていきたいと考えています。

A弁護士：そうですね。人に頼るのでなく，組織として継続的に教育できる環境というのは，経営者として考えなくてはなりません。そこまで，なかなか手が回らないのが現状ですが。

F弁護士：体系的に教えるシステムを構築しなければ，産休や育休

を取得してもらうときに新人を採用してどうカバーするか，毎回
ドタバタしてしまうという問題があります。

G弁護士：そうですよね。OJT が中心となると，体系立てて学べ
る場がなかなかないのが課題ですよね。

D弁護士：私は，開業半年くらいで現在の事務局長を採用しました。
今振り返るなら，大変優秀な人材に出会えて，幸運であったと考
えています。私のなかでは，事務局長クラスの働きぶりが普通と
考えてしまっていた時期があって，それが違うのだと気づくのに
いくつかの失敗をしてしまいました。

　事務局長レベルが通常ではないという理解から初めて，高い要
求をいきなりせず，段階を踏むこと，繰り返し伝えることなどを
意識するようになりました。

　あとは，適材適所ですね。人材をうまく活用するのは経営者の
仕事ですから，そこは自分の課題として捉えています。

平岡：みなさま，ありがとうございました。

幕間

「小早川さん，『プログレス』やりましょう。」

　毛利は，小早川に声をかけた。毛利の事務所では，担当法律事務職員と，受任事件の進捗確認や相談などをする会議を定期的に設けている。これは毛利が以前いた事務所で，ボス弁と担当弁護士，担当法律事務職員での進捗打ち合わせという形で取り入れられていた仕組みである。以前の事務所では「棚卸し」と呼んでいたが，進展などを意味する「プログレス」と名称変更したのだ。

　「わかりました！」と小早川が元気よく返事をする。

　「吉川さんも，見学してくれる？」と毛利は言った。吉川は最近採用した新人スタッフだ。

　毛利の事務所では，Chatwork というツールを取り入れており，クライアントごとにグループを作り，そこで進捗の報告，タスク管理などを行っている。

　毛利と小早川は，Chatwork の画面を開き，「プログレス」を開始する。

　「まず，最初に〇さんの件からです。」小早川が言う。吉川は，小早川の近くまで移動し，パソコン画面をのぞき込んでいる。毛利は，〇さんの Chatwork のチャット画面を開いた。

　「遺産分割の件です。現在のタスクは遺産目録の作成となっています。」と小早川が言う。毛利は，この事件のことを想起しながら画面を注視して，タスクの期限が経過していることに気づく。「あれ，これ期限徒過しているね。何かありました？」

　「はい。今，作成中のデータを貼りました。ほとんど完成していますが，預貯金のところで，他にもあるはずだから探してみると言うので，待ちの状態です。」

　毛利は，データをざっと見ながら，「不動産の価値は査定を取った？」「はい。3社とって，中間の価格を入れました。」「預貯金が他にあるというのは，なぜそういうのだろう？」「通帳をお預かりしたので履歴を見ていたところ，数百万の出金が複数回あって，これは何でしょうね？　と○さんに聞いたところ，○さんも覚えていなくて。」「この件，○さんが被相続人のお金の管理をしていたのだよね。数百万の出金を覚えていないということは少し不自然だよね……。で，どのくらい待っているの？」「その話をしたのが，もう半月前です。」「うーん。履歴に出てくる以上，事情はしっかり教えてもらわないとね。早いうちに○さんと打ち合わせを入れましょう。」「わかりました。以前受任通知を出した他の相続人から，いつ遺産を明らかにするのだと問い合わせを受けました。今調査中です。と回答しています。」「あんまり待たせるのも疑われますしね……。まずは○さんと打ち合わせをして，それから決めましょう。急ぎで打ち合わせ日程を調整してください。」「わかりました。終了見込み時期は変えなくて良いですか？」「遅れは出ていますが，まだ挽回できる遅れですから当初の見込みどおりで行きましょう。」Chatwork に，「○さんと打ち合わせ調整」とのタスクが入る。

　では次に「△さんの件です……」

　毛利と小早川の真剣なプログレスは，その日の終業時間まで続いた。

3　法律事務処理のコミュニケーション

(1)　2022年9月に行われた日弁連業務改革シンポジウム（第9分科会）では同年に行われた弁護士アンケートの結果が報告されました。そのアンケート結果のなかで，法律事務職員に担当させている業務内容についての質問があります。その結果は，「法律処理の補助業務」を担当させている（81％），「書面の作成補助業務」（71％），「依頼者対応の補助業務」（61％）となっています。

　詳細な業務内容まではこのアンケートからは分からないものの，法律事務の処理に法律事務職員の補助の恩恵を受けている弁護士は増えていると考えて良いでしょう。

　そうすると，気になるのが「非弁」でしょう。詳細は本書の第1部を参照していただくとして，弁護士が，法律事務処理の履行補助者として法律事務職員に法律事務の一部を行ってもらう限り，それは非弁にはなりません。したがって，事件処理を法律事務職員と協働する場合には，事件処理のコミュニケーションを確立し，維持し，運用しなければなりません。

　本章では，事件処理のコミュニケーションについて考えてみましょう。

(2)　方針の共有

　法律事務を法律事務職員と協働するということは，弁護士を責任者とするプロジェクトチームを事件ごとに作るというイメージです。

　このプロジェクトをどのような方向性で，スピード感で，順序で進めていくのか。これは，当該プロジェクトの責任者である弁護士が決めることです（法律相談とは，このプレゼンテーションの場である。）。

　私に言われるまでもなく，すべての弁護士は，受任をする際にはこの程度の計画は立案しているから，特別なことではございません。

　特別なのは，その計画をチームで共有しなくてはならない点です。この共有が面倒だから，弁護士が自身で行ってしまう，ということは多いのかもしれません。

　ただ，共有とは言っても，（一定の教育や経験を前提とした）黙示の共有というのが実際のところほとんどではないのでしょうか。

　例えば，追突の交通事故で頸椎捻挫，事故直後受任の場合，私の場合方針の指示はしません。それでも「治療状況の随時追跡」「物損先行解決」「休業損害は都度解決」「症状が遷延しても症状固定は６か月をめどに後遺障害申請」「治療費打ち切りが来たら相談」といったような方針がオートメーション化しているためです。このマニュアルから外れる方針の場合（例えば保険会社が最初から治療費を払わないとか，特殊な職業の場合とか，過失割合に争いがあるとか）に，個別に方針を立てることになります。

　一定の事件類型が多く，マニュアルの策定が可能でその教育が可能な場合にはこのような形になるでしょう（事件類型としては，交通事故・相続・債務整理などがマニュアルを作りやすいと言われている。）。

　そうではない場合，例えば交通事故でも，訴訟で相手の反論に応じて準備をする場合とか，企業顧問業務で個別相談が多く類型化し得ない場合，一定の事件が多いというわけではなく，様々な類型の事件を幅広く行っている場合などは，個別的にならざるを得ません。

　が，私が考えるに，方針をマニュアル化できなかったとしても，対応についてのマニュアル化が可能です。

　例えば，非マニュアル事件（例えば顧問先の契約書の作成など）では「記録管理等事務一般（委任状取得や記録作成，経理業務など）」「進捗管理（締め切りやタスクを共有して「尻叩き」してもらう。）」といった普通の法律事務を基本として，あとは個別的に指示を出した業務（調

査・資料取得や財産目録などの起案など）を担当してもらうという形です。

⑶　報・連・相

報連相は，社会人では当たり前とされるものですが，簡単に実施させることができるものではございません。「弁護士が忙しくて……」「進捗状況が悪くて怒られるのが嫌で……」「弁護士が機嫌悪そうで……」などなど，報連相を躊躇させてしまう要因はたくさんあります。そのため，意識して，報連相のやり方を浸透させる必要があります。

① 　時間を取る

チーム内で，進捗確認及び方針確認のための時間を定期的に取ることです。

最低でも月に１度は必要だと考えます。

② 　報連相のやり方を決める

フリーハンドであれば，確認漏れや重要事項の報連相が抜けるおそれがあります。そのため，ある程度，報連相の型を作るほうがコミュニケーションは容易です。

例えば，最近であれば便利なコミュニケーションツールや弁護士の業務に特化した基幹システムなどが販売されているから，これを活用することをお勧めします。

③ 　打ち合わせたことを忘れない

「②やり方を決める」とも関連しますが，報連相を行い，次の方針やタスクなどを決めたら，必ず形に残すことです。いくら司法試験に合格する程度の頭脳があっても，人は必ず忘れてしまい

ます。また，チーム内での「共有」のためには，はっきりと言葉を形に残しておくべきです。

④　事件処理を「進展」させる場である

　共有は何のためにするのかというと，それは事件処理を前に進めるためです。イレギュラーなことも起きます。プライベートが忙しくて予定どおり進まないこともあります。ミスだってすることもあります。

　これらを見つけ，怒る場ではないのです。これらを前提に，次にどうするかをしっかりと共有する場だということを忘れないようにしましょう。

幕間（とある日の17時頃＠毛利法律事務所の会議室）

「今日もお疲れ様。」毛利は言った。小早川も吉川もそれぞれ挨拶を返してくる。「では月例の事務所会議を始めます。よろしくお願いします。じゃあ，まずは数字の資料を。」といって，毛利は手元のパソコンを動かしてスライドを表示した。

独立してから，月ごとの売上の推移がスライドに投影されている。

「この数字については，私としては順調に推移していると思っている。もちろん，もっと伸ばしていきたいよね。」ここで毛利は言葉を切った。

「ところで吉川さん。この売上はどうやって上がっているか分かりますか？」と話しを吉川に振った。吉川は少し驚いた表情をして，しばし考えてから口を開いた。

「そうですね。もちろんクライアントからいただいているわけですけど，質問としては，どうやってクライアントを増やしているか，ですよね。」こういうところの察しの良さはさすがだ。

「そうだね。これが，事件種別ごとの受任件数の推移。」と毛利はスライドを切り替える。顧問企業の数，一般民事事件での相続，交通事故，その他事件の数字を示していく。

吉川は，しばらくそれを凝視してから口を開く。「顧問先が少しずつ増えている点についてはセミナーを開催したりして増えているのではないでしょうか。個人のクライアントについては，ホームページを見たり，クライアントからの紹介が多いように思います……。すみません，あまり意識して考えていませんでした。」吉川が少し声を落とす。きちんと自分で考えた意見を述べようとするところ，そして考えていなかった点を素直に認めるところが良いところだ。毛利は少し嬉しくなった。

「そうだね。よく観察しているよ。」ここで毛利はスライドを変える。

「私たちの事務所の売上構成は，現在は個人の方がほとんどで顧問先はわずかです。これを，将来的には半々くらいにまで持っていきます。そのために……」毛利は，言葉に自然と熱が入って，事務所の未来予想図を語っていく。

「……このプランのなかで，小早川さんには法律事務の補助のほか，顧問先獲得活動を手伝ってもらったり，個人のクライアントとのつながりを作る作業を任せています。その結果，個人のクライアントの事件補助を吉川さんに多く任せる結果となってしまっています。」

毛利は，吉川を見て質問をする。

「どうかな。少し負担になっていない？」

吉川は，長い髪をかき分けて言う。「いいえ。まったく。」

小早川が，「いや，この前は大変だって言っていたじゃない？」と突っ込む。先日，吉川が小早川に対して，受任した新件の担当を自分ばかりにするのはなぜかと問い詰めたのだ。

吉川は「確かに，そう言いましたけど，今日の話を聞いて納得しただけです。本音を言えば，小早川さんが私より忙しいこと分かってますから。」

小早川は，さらに何か言いたそうであったが，毛利はそれを制して，「もう少しだけ，吉川さんに負担かけてしまうけど，ずっとではないから。もう少し頑張って。頼むよ。」と言った。吉川がそれに対して，「はい」と返事をする。

「では」と毛利は，次の議題に移行する。

事務所会議は雑談も交えながら，まだまだ続いていく。

〜〜〜〜〜〜〜〜〜〜〜〜〜〜〜〜〜〜〜〜〜〜〜〜〜〜〜

4 法律事務職員との経営目標の共有

(1) 経営コミュニケーション

　最近，法律事務所でも経営方針を構成員に発表するという話を聞く機会が多くなりました。

　私の事務所では，年に1度，決算月の近くで「総会」と名付けた全所員が一同に集まるイベントを行うし，事務所の理念や事務所の数字は，全所員に周知しています。他の事務所でも「経営方針発表会」など，様々なネーミングで同趣旨の会合を開催しています。これは，今後法律事務所で拡まっていくだろうと考えています。

　数字を含めて，経営状況や方針を共有することの大切さは，いまさら強調するまでもないと思います。

　私の高校の大先輩の言葉でありますが「仕事は，ひとつ上の立場で考え，自分の仕事が何につながっているのか意識することが大切だ」と言っていました。日々の仕事が，何につながっているのか，そのことを理解するためにも，経営方針の共有というものは非常に大切であると考えています。

　一方で，「数字まで発表する意味が分からない」「発表しても良いが，数字が悪かったときが不安……」「経営理念とか経営方針の前に，きちんと給料払ってくれよ」などなど，いろんな言い分が噴出することも理解しています。

　私は，数字を公表しなくてはならないとか，経営理念を明文化して所員に浸透させたほうが良いとか，そういう考え方を押しつけるつもりはございません。私がここで強調したいのは，事務所の経営・運営面でもしっかり「コミュニケーション」を取ろうということなのです。組織内コミュニケーションを不要だという組織人はいないと考えます。

そして，コミュニケーションというのは簡単ではございません。簡単ではないから，一定の「場」や「機会」を設けることで，コミュニケーションのきっかけとし，そこから継続していったほうがやりやすいということなのです。

⑵　経営方針発表会マニュアル

ここでは，年に1回程度の経営方針発表会についてのコツを見ていきましょう。

①　心機一転！　事務所以外の場所でやろう！

今年の目標などを伝えるだけならば，メールでもできます。

しかし，今日は特別なのだという意味を込めるためにも，あるいは日常とは異なる空間で新しいアイデアを生むためにも，事務所以外のどこかでの開催をお勧めします。

②　何を伝えるか

発表会では，事務所が進んでいる（進みたい）方向性，進捗状況，努力してほしい点，成果が出たら何をしたいかという点をテーマにします。

あまり大げさに考えずに，経営者が毎日考えてたどり着いた現在地を，ありのまま伝えたら良いです。例えば，現在の売上構成比（離婚分野15%，相続分野10%，企業顧問10%，交通事故15%……）を示したうえで，このような理由から，この分野の売上（受注）を増加させていきます。増加させるために，このようなことを考えています。だから，このような協力をしてほしいです。うまくいけば，賞与がまたは給与が上げられるとか，今後5年の発展の基礎がつくれると考えます。などなど，例えばこんな感じでしょうか。

③　どう伝えるか

　伝え方は，様々なやり方があるのでしょうが，典型的には経営者からのスピーチということになります。そのスピーチのなかで具体的な事務所の数字を示して伝えるのも良いでしょうし，工夫してほしいと思います。大切なのは，自分が面白いと思えるか，熱意を持てるかどうかです。受け手のことを気にする前に，まずはその点を大事にしてほしいと思います。

　ゲストを招いて，経営者として言いにくいことや事務所を取り巻く状況を他者から伝えてもらうのも効果的な伝達のひとつの方法です。

④　双方向も取り入れよう

　次に，経営者からの一方通行ではなく，所員一同も考えたり，発表したりする場を作ります。

　例えば，ある問題提起（○○を実現するために何を工夫していくか等）を話し合ったり，今年一年の振り返りと次の一年の目標をスピーチしてもらったりします。

　私の事務所の場合には，入社５年10年の表彰者のスピーチとか，例えば採用プロジェクトチームからの今年の抱負とか，（毎回ではないが）新規事業アイデアコンテストのプレゼンとか，そういった形で双方向を取り入れています。

⑤　お祭り感を出そう！

　せっかく，業務を休みにして行う発表会なので，お祭りのようなイベントにします。お葬式のようなイベントよりは絶対に楽しいほうが良いに決まってます。

　例えば，高級なお弁当を取ったり，表彰式などをしたり……。ちなみに，お祭り感を出すのが苦手なら，発表会プロジェクト

チームを作り，任せたら良い（私は苦手なことは人に任せていた。）のです。

　近年はコロナで集まるというのが難しく，オンライン会議システムで発表会をやらざるを得なかったのですが，どうしてもお祭り感は減少してしまうのが残念なところです。

【例】経営方針発表会　式次第
- 代表スピーチ　今後の展望と今年の目標
- 新規事業コンテスト　決勝プレゼン＆投票
- 昼食　投票集計
- 表彰　勤続表彰，顧客感動賞，新規事業コンテスト優勝
- 今年やりたいこと発表会

座談会：経営方針共有会！

平岡：さて，今回は経営方針を所内の弁護士，法律事務職員に共有
　　しているか，どう行っているかについてお聞きしたいと思います。

　　　私の事務所の場合は，全体では年に１度，総会という形で行っ
　　ています。それ以外では月に１度，各事務所の会議で売上の報告
　　や運営方針の確認をしていますね。

　　　法律事務職員にとっても，日々の活動が数字という形で可視化
　　されて，法人が身近に感じると言いますし，電話一本，クライア
　　ント対応ひとつも大切にしようと思えますから，良いことしかな
　　いと思います。

Ａ弁護士：私の事務所では，年初のミーティングで今年の目標（売
　　上や獲得顧問数など）を共有し，その後のミーティングで数字を
　　追っていきます。

　　　スタッフも，一緒に目標を追いかけて，達成したらボーナスも
　　出るし，良いのではないかと思っています。

Ｂ弁護士：年に１度の総会と事務所会議という点では同じですね。
　　年に１度の総会は，事務所外で環境を変えて行えるようにしてい
　　ます。そこでは普段できないような話，今後の展開や事務所理念
　　などを共有し，話し合うようにしています。

Ｃ弁護士：私の事務所では，数値の目標や成績は共有していないで
　　す。ただ，理念の共有はするようにしています。

　　　同じく年初に，環境を変えて，事務所の方向性，理念の具体化
　　について一緒に考えています。私たちが，どうあるべきか，どう
　　運営していきたいか，そういったものを行動指針に落とし込んだ
　　り，ということです。

Ｄ弁護士：まったく同じです。年初めに経営方針発表会を行ってい
　　ます。数字面，売上も発表しています。

　今年は，理念的なことを重視した形で行いました。私たちの事務所の「核」は何かを全員で話し合いました。

　最初は，数字の公開は悩みました。低い時にどんよりしたりしないかなと（笑）。でも，みんなで一緒に運営しているのに数字を知らないという状況を私自身が嫌だと思ったので，もう公開してしまえと。

　公開してみて，良かったと思っています。数字が低空飛行な時にどんな空気になるのかを気にしていましたけど，事務職側も電話を一本でも相談につなげようとか，考えてくれます。

　経営理念については，多くのみなさんと同じで，開業当初からこれが理念だ！　と考えていたわけではありませんでした。ただ，こういう事件は受任しないようにしたいよね，という好き嫌いはあって，そこから始まりました。それをよく考えることで，理念という形でまとまりました。

　理念が決まると行動指針が決まるので，良いと思っています。

E弁護士：事業計画発表会を事務所外で行っています。年初に（笑）。やはり新年というのは気持ち切り替えて始めるに良い時期だと思いますので。

　数字面は公開していて，それを含めた目標とか，そういったものを共有しています。

　その後は，月に1度，パートナーと事務局長で会議を行っています。

　私も，最初は，数字を公開するか迷いました。法律事務所は売上に波のある業種ですから，正しく数字を理解してくれないのではないか，とか，一部だけを取られて誤解されないかとか。そういった不安はありました。

　公開してみると，日々の業務への自覚につながるし，課題を理解して積極的に取り組んでくれるようになったと思います。

E事務局長：E弁護士とは，創業のころから一緒に運営してきて，良いところもそうでないところも見てきました。

　数字面も含めて，一緒に成長していけるという実感があるのはとてもありがたいことです。

F弁護士：私は，食事会のような懇親会で事務所理念を共有するために話すことはありますが，所員と事務所の数値目標や成績の共有は行っていません。まだパートナーが私ひとりですし，報酬の面も含めてどこまで開示して良いものかと悩みます。数字の共有実現は前向きに考えているのですが，手が回らないというのもありますね。

G弁護士：年に1回，外部会場を借りて半日ほどかけて経営方針発表会を行っています。私がメディアに出た時に話した内容などを社内チャットなどで共有するようにもしています。

　多くの案件を受任して処理することが，収益につながって所員への賞与という形で利益配分できるという単純な公式ばかりでなく，多くの依頼者を救うことで社会の役に立てることを改めて認識してもらえたところが良かったと思います。

5　法律事務職員の待遇

(1)　法律事務職員の給与の実際（調査結果）

　2019 年に行われました，第 21 回弁護士業務改革シンポジウムにおける第 7 分科会（テーマ「法律事務職員活用の新展開」）で，法律事務職員の収入に関する調査結果（全国法律関連労組連絡協議会が 2018 年に行ったアンケート調査）が発表されました。

【年収（通勤手当を除く総支給額）】

○万円以上～ ○万未満	2010年	2011年	2012年	2013年	2014年	2015年	2016年	2017年	2018年	平均値
100万未満	3.4%	3.0%	2.7%	4.0%	3.5%	5.1%	4.9%	5.0%	4.5%	4.0%
100万～125万	2.3%	1.7%	1.9%	2.7%	2.2%	2.4%	2.7%	2.8%	2.7%	2.4%
125万～150万	2.1%	2.3%	2.0%	1.7%	1.7%	2.4%	3.2%	2.4%	3.2%	2.3%
150万～175万	1.7%	1.7%	1.6%	2.6%	2.0%	1.7%	1.9%	2.1%	1.9%	1.9%
175万～200万	3.6%	3.8%	4.2%	4.4%	4.1%	5.1%	3.8%	4.0%	3.9%	4.1%
200万～225万	4.8%	4.3%	5.1%	7.0%	5.4%	5.8%	5.3%	6.8%	5.4%	5.5%
225万～250万	5.0%	6.2%	6.1%	5.9%	5.3%	5.1%	5.1%	5.9%	6.3%	5.7%
250万～275万	4.8%	6.2%	6.5%	5.4%	5.5%	5.9%	5.3%	4.9%	4.2%	5.4%
275万～300万	8.7%	7.9%	7.7%	10.0%	10.7%	8.0%	9.8%	8.2%	8.3%	8.8%
300万～350万	15.9%	16.1%	16.6%	13.0%	14.3%	13.9%	15.6%	14.0%	14.8%	14.9%
350万～400万	12.6%	12.1%	10.9%	10.4%	10.1%	9.3%	10.4%	9.2%	10.6%	10.6%
400万～450万	10.3%	10.1%	9.0%	8.9%	9.5%	9.2%	7.8%	10.6%	9.2%	9.4%
450万～500万	5.2%	6.3%	5.9%	5.1%	6.8%	3.9%	5.8%	7.2%	5.8%	5.8%
500万～550万	5.0%	4.2%	5.1%	5.4%	4.5%	4.4%	5.0%	5.3%	5.5%	4.9%
550万～600万	2.8%	3.3%	2.2%	2.3%	2.6%	4.9%	2.7%	2.0%	2.9%	2.8%
600万～650万	2.7%	2.6%	3.1%	2.9%	2.7%	2.7%	2.7%	2.2%	2.5%	2.7%
650万～700万	1.5%	1.5%	1.5%	1.5%	1.3%	2.1%	1.8%	1.8%	1.3%	1.6%
700万～800万	2.5%	1.9%	2.4%	2.2%	1.8%	1.9%	1.8%	1.6%	1.9%	2.0%
800万～900万	1.0%	0.8%	0.8%	0.6%	0.9%	1.0%	1.0%	0.7%	1.2%	0.9%
900万～1000万	0.3%	0.2%	0.6%	0.5%	0.4%	0.4%	0.6%	0.6%	0.4%	0.4%
1000万以上	0.2%	0.2%	0.2%	0.1%	0.0%	0.2%	0.0%	0.0%	0.0%	0.1%
No Answer	3.6%	3.7%	3.9%	3.5%	4.7%	4.7%	2.6%	2.9%	3.6%	3.7%
	100.0%	100.0%	100.0%	100.0%	100.0%	100.0%	100.0%	100.0%	100.0%	100.0%

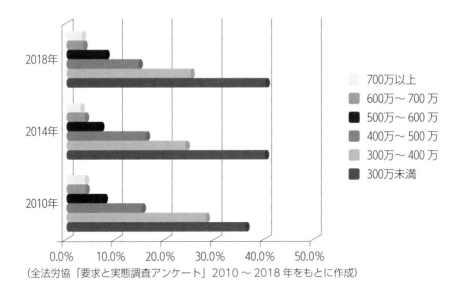

（全法労協「要求と実態調査アンケート」2010〜2018年をもとに作成）

　これによれば、年収は、200万円以上300万円未満が約24％、300万円以上400万円未満が約25％、400万円以上500万円未満が約15％、500万円以上700万円未満が約12％、700万円以上が約3％です。

　2010年と2018年を比較すると、300万円未満の割合がやや増加し、300万円台の割合がやや減少しているが、それ以外は大幅な変動はございません。

　いろいろな事務所や働き方があるので、ここから直ちに何か結論が出るわけではございませんが、参考としての価値は十分だと思います。

(2)　法律事務職員のキャリアと給与を考えてみる

　法律事務職員のキャリア（コース・マップ）というのは、あまり意識的な議論がなされていません。小規模な事務所が多いという法律

事務所の特性や，経営者である弁護士自身が「専門家」でありキャリアコースが不要であることが関係していると思われます。

しかし，このような議論のないことが，法律事務職員の転職の難しさの原因のひとつとなっていると考えられ（他事務所のキャリアを自事務所でどう評価してよいか分からない。），また適正な給与水準が不明瞭なことにつながっています。

したがって，ここでは試論ではあるが，法律事務職員のキャリアを考えてみたいと思います。

①　一般法律事務職員

「一般」というネーミングはともかく，法律事務所で事務（訴訟記録の編纂や裁判資料の収集・作成・提出などの事務，電話応対，一般的な所内事務など）を担当する法律事務職員を念頭に置いています。

クラス		
一般1	新人	事務所の取り扱う事務について，指導を受けながら定型的な業務ができる。
一般2	経験者 （熟練者未満）	事務所の取り扱う事務について，定型的な業務ができ，それ以外の（法律）事務へも応用ができる。
一般3	熟練者	①　事務所の取り扱う事務について，十分な経験と知識を持ち，弁護士の監督を受けながら自らの裁量も発揮でき，それ以外の（法律）事務にも十分対応できる。 ②　指導ができる。

※法律事務の内容は事務所の取り扱い業務によって異なる。

②　エキスパート（専門職）

一般コースと併存あるいは進化先（上位）としてはエキスパートコースが考えられます（クラスE1～クラスE3）。

例えば，交通事故に必要な医療知識等に習熟した法律事務職員といったような特定の分野における専門的な知識を有する法律事務職員です。

あるいは，事務所のインフラであるシステム・セキュリティの専門知識を持つものというのも含まれるでしょう。

現在の「凄腕」法律事務職員はおおむねエキスパートコースに分類されると思われますし，近年登場している広報・広告，IT担当者もそうでしょう。

クラス	
Ｅ１	特定の専門分野について十分な知識を有し，事務所の業務を担当できる。
Ｅ２	特定の専門分野について高度の知識を有し，責任者的なポジションも任せられる。
Ｅ３	特定の専門分野について最高度の知識を有し，業界をも牽引する存在。

③　マネージャー（管理職）コース

弁護士が経営層である法律事務所において，法律事務職員の管理職が必要なのかと疑問に思われるかもしれません。

しかし，「事務局長」と呼ばれる法律事務職員は古くから存在します。事務所によって業務内容が異なるものの，概ね法律事務職員の人事評価，様々な課題の調整，教育などを担当しています。また，法律事務所の経理・法律事務職員の責任者として経営判断を行う会議にも出ていることもあります。

実際にも，日常多忙な弁護士が事務所内の様々な問題（電池の予備をどこに保管するかとか，備品の発注とか，電話当番の決定とか，誰と誰の人間関係の解決とか……人が集まれば課題は山積みである。）に細部まで立ち入って解決することは現実的でなく，非効率です。

そのため，名称はともかく，事務的な事項の責任者・担当者（決定権があるか否かは事務所による。）はどの事務所にもいます。

法律事務所では，弁護士はもとより法律事務職員も管理職も兼務をしているプレイングマネージャーであることがほとんどでしょう。

クラスとしてはM1〜M3とします。

クラス	
M1	管理職としてのスキルを有し，担当部門において管理職を任せることができる。
M2	管理職としての高度のスキルを有し，担当部門を超えて事務所から期待される管理職としての役割を果たすことができる。
M3	組織に欠くことのできないリーダーの一人として，所属組織の将来まで見据え，経営活動に参画できる。

④　各コースと給与との連動について

　各業務を併存しているとして，給与案を考えてみます。

　これは，上述しているアンケートの給与分布に沿うような形で作成してはいますが，業界の水準を示したものではないことは予めお断りしておきます。また，経営状況等を一切考慮していません。あくまで試案のレベルです。

　明快さを意識して各クラス3段階としましたが，より細分化しても良いし，年功序列的な要素を加味しても良いでしょう。

（単位：万円／月額）

クラス	給与	クラス	加算給与	クラス	加算給与
一般1	〜20	E1	〜5	M1	〜10
一般2	〜25	E2	〜10	M2	〜15
一般3	〜30	E3	〜15	M3	〜20

※重ねて言うが，あくまで試案であり業界水準ではない。

【ケース1】

　十分な法律事務職員経験を有し（一般2），専門的な領域の知識も保有して特定の業務を担当しており（E1），法律事務職員の管理者も任せられている法律事務職員（局長）（M1）の場合。なお，こういった法律事務職員は多いのではないかと思われます。

　上記の試案によれば，最大40万円（年収480万円プラス賞与）と

なります。この法律事務職員が今以上の給与を目指すならば，法律事務職員としてのスキルを熟練させるか，エキスパート分野のスキルを伸ばすか，マネージャーとして成長することが必要となります。

【ケース2】

　法律事務職員スキルに熟練しており，専門分野でも高度な知識を有しその分野の事務所の責任者となって施策を進めており，法律事務職員のトップとして経営会議にも出席し，経営的な役割も十分に担っている大変に優秀な事務局長（一般3，E2，M2）の場合。

　給与は最大で60万円（年収720万円プラス賞与）ということになります。

⑤　評価基準について

　評価基準に関しては，何より重要なのは「公平」です。

　もちろん人である以上，主観的な評価は介入せざるを得ません。ただし，考えうる限り，「公平」に近い評価は目指すべきです。

　弁護士は，法律事務職員の業務を良く分かっていませんし，見てもいません。弁護士が裁判や打ち合わせ，相談をしている間，法律事務職員をどうやって評価するというのでしょうか。

　この点を解消するには，何かしらの形で法律事務職員相互の評価方式を取り入れたほうが良いです。決定権は経営者にありますが，それが誤っていないかをチェックします。例えば，自身の評価高くても，同僚や後輩の評価が低い人がいた場合，なぜなのかを良く考えるべきです。

　また，評価者と被評価者が一定の関係にあることは，「公平」な評価を阻害する（と思われてしまう）要因です。職場恋愛を否定

するつもりは全くないし，身内を雇用することも良いと思います
が，評価に関してだけは厳正にしたほうが良いのです。

　上司と部下の不倫が禁止される理由があるとしたら，それが違
法行為だからでもなく，倫理に反するからでもございません。不
公平な評価につながり，組織を壊す要因になるからです。

(3)　給与以外の待遇の重要性

　給与は大変重要だが，それ以外の待遇の重要性も見逃すことはで
きません。その昔，私の事務所の創業者の谷清司は，「弁護士は人
権人権と言いながら，法律事務職員の社保にも入らない。」と言っ
ていました。自身の仕事を支えてくる身近な仲間に十分な待遇を与
えずに，社会正義の実現などできるのでしょうか。

　給与以外の待遇とは，有給取得のしやすい環境など職場の環境・
風土の整備，ライフワークバランスへの配慮（産休，育休，介護休暇
等）とか，そういったことです。社会保険加入というのは当たり前
です。

座談会：法律事務職員の待遇

平岡：さて，法律事務職員の待遇について，お話していきましょう。
　　　私の事務所の場合，給料の面はかなり意識しているところです。
創業以来，法律事務職員も一生の仕事となり，家族を養えるよう
な経済的待遇を与えたいという考えは一貫しています。毎年昇給
評価もあり，基本給を上昇させる形になっています。全体として
は年功序列を基本としつつ，優秀なスタッフは昇給も早いですね。
　　　給与以外も退職金共済，家賃補助など充実しているかなと思い
ます。

B事務局長：やはり，法律事務所で働くスタッフとしては，お金の
面は不安なところがあります。ただ，うちの事務所では弁護士と
まではもちろんいきませんが，良い待遇をしてもらっており，や
りがいにもなっています。

C弁護士：私の事務所も，長く働いてもらうことを前提にしており，
家庭をもっても十分に生活ができるだけの待遇は心がけています。
　　　給与評価は年功序列的ですね。多少の差はつけますが，基本給
が上がるような制度になっています。

E弁護士：毎年の昇給は実現したいと思っていますね。簡単ではあ
りませんが。

F弁護士：私の事務所でも，給与は年功序列で毎年わずかではあり
ますが昇給できるように考えています。ただ，私は経済面ではな
く業務自体にやりがいを感じてほしいと思っていますので，業務
内容を詳細に説明することや，あとは残業をほぼしなくて良いと
いうところで待遇面をフォローしているのかなと思います。

G弁護士：所員が働きやすいと思ってもらえる環境作りが大事だと
思っているので，一緒に働く仲間として恥ずかしくない待遇を用
意したいと考えて給与水準を決めています。所員がお金のことを

気にしなくても安心して働ける待遇を用意したいですね。県内の法律事務所では一番の待遇を用意したいと思いますし，将来は退職金を含めて地方公務員並の待遇を用意したいと思っています。

平岡：法律事務職員の人事評価については，いかがでしょうか。

　私の事務所ですと，評価資料としては，①充実度②お祭り力③事務処理④経営意識の体現といった項目で，全員で360度評価してもらいます。最終的には各所長が昇給意見を提案し，代表が決裁するようなやり方で行っています。

D弁護士：頑張りを評価したいといつも思っています。自分だけで評価せず，事務局長の意見も必ず聞くようにしています。

E弁護士：評価基準は難しいと思っています。

　弁護士であれば，数字的な評価は可能なのですが，法律事務職員は間接部門なので抽象的な評価になりがちですよね。

　それでも，フィードバックの機会は半年に一度設けています。

A弁護士：私の事務所では，基本給のベースアップはありません。そのことは，入所前に説明しています。

　やはり，弁護士業の現状を考えますと，毎年右肩上がりというような時代ではありませんから。

　ただ，業績連動の賞与が年2回あり，そこで評価を介入させています。

D弁護士：私のところも，定期昇給は基本なくて，賞与で評価を反映しています。

B弁護士：評価基準は，明文化はできていませんが，自分のなかではあります。納得感を得られるかどうかは大切だと考えています。

平岡：給与面以外で，何か意識しているということはありますか。

A弁護士：資格取得を推奨していますから，その費用は事務所負担ですし，資格手当も出しています。

G弁護士：私も資格手当の制度を設けていて，その過程で勉強して

もらうことを求めています。特に日弁連法律事務職員能力認定試験に合格することを強く推奨しています。子育てなかで時短のパート勤務者も合格したので，資格手当を支給しています。同一労働同一賃金ということです。日弁連認定試験以外では，司法書士，行政書士，社労士などを推奨しています。

Ｆ弁護士：私も資格取得を推奨しており，資格手当を出しています。法律事務職員能力認定試験も対象です。あとは残業をなしにして，プライベートを大事にしてもらえるように心がけています。

Ｃ弁護士：一生の職場として，家庭の諸事情があっても働けるように，テレワークも柔軟に認めますし，有給消化も時間単位でできるようにしていますね。

Ｅ弁護士：そうですね。子どものいる職員は有給や遅刻早退など柔軟な勤務体制を認めています。

複数：（うなずく）

Ｄ弁護士：家族と自分を大切に，という考え方を大事にしていますから，家族の誕生日に休暇をとれるというシステムを作りました。

Ｃ弁護士：法律事務職員の誕生日には，朝礼で誕生祝いをします。同僚などから感謝の言葉を伝えたり，プレゼントを用意したり。

　　あとは，事務局長が，定期的に事務所で食事を作って，所員にふるまうというイベントがあります。○○（事務長の名前）食堂として，結構人気のイベントですね。

　　書籍購入などは，かなり自由に事務所負担で認めています。

平岡：面白いですね。

　　私の事務所でも事務所が推奨する資格を取得すると金一封は出しますね。あとは勤続表彰などを年１回の総会で行っています。

　　一生の職場として，どうやって環境を作っていくかという点で共通しているように思います。

幕間　～毛利の独り言～

　毛利の手元には，全国法律関連労働組合協議会の「要求と実態調査アンケート」という資料がある。47 都道府県の男性職員 187 名，女性職員 703 名が回答しているアンケートの報告のようである（※出典：全国法律関連労働組合協議会「全法労協だより」2021 年 5 月 12 日　http://www.hou-kan.com/tayori119.pdf）。

　最近，事務所で思うこともあり，このアンケートに興味をもった。一人事務所の椅子に座り，目を通していく。

　毛利は，アンケートに寄せられた具体的な意見・要望などを見ているうちに，弁護士に対する不満が爆発しているのにちょっと残念な気持ちになった。

　いわく

「職場内のルールに一貫性がなく，雇用主の意向がその都度変わるため，理不尽なことが多々ある」

「弁護士が人によって態度を変える。平等に接してほしい。つらい。」

「時間外，休日の従業員への電話や連絡を禁止してほしい」

「依頼者の不信感が募って法律事務職員にクレームが入ることが多く，時間が取られるし，精神的にしんどい」

「弁護士があまりにも「将来不安」を頻繁に口にするので，士気が下がってしまうのではないか」

　などなど。かなり一方的な言い分であるようにも思え，当の弁護士からしたらいろいろ反論したいところもあるのかもしれない。事務所の売上のために，休日でも頑張っている弁護士もいて，どうしても法律事務職員を頼りたくなることもあるし，どんなにきちんと

173

業務を行っても一方的に不信感をクライアントから持たれること
だってある。これらをひっくるめて法律事務所なのだ。

　とは言え，法律事務職員がいくら法律事務所を共に支えるバディ
とは言えども，従業員という立場なのだ。そのことは忘れてしまい
がちだが，気を付けなくてはならないことだ，と毛利は思う。

　さらに読んでいくと「就職時，口約束のようなもののみで採用さ
れているため，ちゃんとした雇用条件を知りたい」というものが
あった。

　いやいや，これはちょっと問題でしょ。顧問先の企業にどう指導
しているのだろうか……。

　なんと，弁護士の家族絡みの不満も結構あることに驚く。

「個人事務所のため，事業主の家族のことまで押し付けられる」

「弁護士の家族が月に数回出勤するが仕事もできず，その尻拭い
をさせられて不快」

　うーん。さすがにこの弁護士を弁護する言葉はないな，と思う。

　ひととおり読んで，毛利は「職場の労働条件で改善したいものラ
ンキングベストテン！」を作ってみたので，せっかくなので紹介し
たい。

　第10位は……

ハラスメントの防止！！！

全体の7.9％，88名も改善を希望している。

「法律事務所は上下関係がハッキリしているからパワハラが普通」

「弁護士が白を黒と言えば黒になる。そんな世界になっている。」

「法人代表者によるパワハラがひどく，人員が定着しない。本人
にパワハラの自覚が全くない。相談窓口もないため，耐えるしかな
い。」

「業務が忙しい時等にイライラした態度で接するのはやめてほしい。」

「弁護士の機嫌を伺いながら過ごすことに疲れた。辞めていった法律事務職員は 13 人目……。先生そろそろ気づいてほしいです。」

凄いことになっている。

そんな労働環境でどう依頼者を助けることができるというのか。

セクハラに対するものもある。

「手を触らせて下さいとか実際触ってきたり，仕事で一緒に出掛けると何度もラブホテルがある，ラブホテルに行きましょうと言ってくる。セクハラなのでやめて下さいというと，愛を告げているだけだから，愛を告げられなくなっちゃうじゃないですかと言われる。」

これは……。弁護士の品位はどこへ行った。最悪だ。

第9位……

感染症対策とその拡充！！！

全体の 9.0％，100 名。

新型コロナ禍の時代を反映しているアンケート結果だ。

「弁護士は来客対応の際は充分に距離をとりマスクを着けるが，従業員に対しては行われない。」

「「コロナなんてインフルエンザと一緒」と言い，事務所内で何も対策をしません。」

「マスクをせず，目の前で大声で怒鳴られることも多い。」

第8位……

定年後の雇用確保と労働条件の拡充！！！

全体の 9.4％，105 名。

長く法律事務職員として活躍されてきた方々であれば，それは気

になるところだろう。その経験が欲しい弁護士や事務所はあると思うが，情報のマッチングが難しいのだろう。

第7位……

リフレッシュ休暇の実施！！！

全体の12.6％，140名。

結構多くの方々が特別休暇を望んでいるということだ。職員の長期雇用，やりがい促進，離職防止といった観点から導入を検討してみても良いだろう。

第6位……

退職金制度の確立。

全体の13.0％，145名。

確かに，社保加入とかと併せて，良い人材を採用するという点でも意味がある制度だろう。退職金共済みたいな制度もあるから考えても良いだろう。

第5位……

手当の拡充！！

全体の15.6％，173名。

やはり待遇面の改善要望は多いものだ。

資格手当とかになるのだろうか。

退職金制度もそうだが，職員の長期雇用，やりがい促進，離職防止といった観点でも導入を検討すべきものかもしれない。採用でも使えるし……

第4位……

人員の増加！！！

全体の 15.9％，177 名。

やっぱりどこも人が足りていないのか。

叶えてあげたいところだが，どの事務所もたくさん人を雇う余裕はないだろうし，簡単にはできないことなのかもしれない。

だが……

「昼休みに自由に外出できず，自分の机で電話が鳴ったら取りながらお昼を食べている。」

「来客があればその対応もし，コピー等も頼まれるのでいつも休んだ気がしない。」

「せめて留守電にして，外からの電話だけでも止めてもらえたらと思っていますが，人数の少ない職場で要望も出しづらい。」

こんなアンケートを読んでいると，小早川さんもそう感じていないか心配になる。

やっぱりスタッフから事務所の状況や感じていることを聞き出すことは大事だ。

ついに上位 3 つだ。

第 3 位は……

有給休暇の完全取得または増加！！！

全体の 18.3％，203 名。

増加はともかく付与分の完全取得は目指したいところだ。

「有給休暇がこの 5 年，1 日も取得できていない。」

法律事務所のアンケートだよな。こんなことがあるのか。

第 2 位はというと……

一時金（賞与）の支給！！

全体の 24.6％，273 名。

結構な割合の事務所が賞与を出していないということだ。

その期ごとの利益を従業員にどう還元するかについて，給与の昇給で行うか，賞与に反映させるかという話は前に聞いたことがある。

「売上げがコロナで落ちたわけではないのに，ボーナス全額カット（50万円以上）を突然されると心の準備ができていなかったので，生活できなくなった。」

賞与規定があっても，こんな不意打ちであれば，当然従業員の生活に響くだろう。

第1位は……
賃金の引き上げ！！

なんと，全体の63.8%，709名が改善してほしいと回答している。

さっきの賞与含め，やはり給与面の不満は多い。

「当事務所は20名以上職員がいますが，労働組合はありません。なので賃金値上げの交渉は厳しいものがあります。私は2年以上勤めていますが，2年間で上がった賃金は8,000円です。初任給が16万円だったので，まだ17万円もいただくことができていません。労働量の割に賃金が低いので，業界全体での改革が必要ではないかと思いました。」

「PCも使えない弁護士に代わってすべてのメモ，電話，集計等をしている。以前より効率的に業務を進められているのだから賃金に反映してほしい。」

法律事務職員の待遇，特に給与面が低いという問題はこういうことなのだ。

この上位2つは，経営側からするとシビアな問題だ。

業界全体の改革の結果，弁護士はおそろしい勢いで増員され，結果として競争過多になっている。その結果か，日弁連の調査で，10年で平均2割の売上減が報告されている。

　弁護士も痛いが，当然そこで働く法律事務職員も痛いのだ。そういう施策が今もなお実行されている。

　競争過多はボス弁の責任とは言い難いだろう。そこを責めるのは気の毒に思う。ただ，競争が激しいなら，より強みを伸ばし，顧客をつかんでいく地道な活動が必要なのだ。

　そして，そのような活動は，弁護士だけじゃなくて，法律事務職員とともに事務所が一丸となって成し遂げるものではないか。

　昨日と同じ働き方では，給与は下がる一方なのだ。

　だから，賃金への不満は分かるけど，毛利としては経営者に同情するところもある。

　ただ，法律事務職員と一緒に，事務所を変えていこう，売上を確保していこうという前向きな情報発信をして法律事務職員に協力を要請できない弁護士は，率直に言って努力不足だし，その結果がこれだったとしたら，経営者としては言われて仕方のないことだと思う。

※ランキング外

　定年延長（7.8％），勤務時間の短縮（7.7％），完全週休2日制の実施（7.4％），社会保険（健康保険・厚生年金）への加入（6.7％），メンタルヘルスケア（5.9％），残業を減らす（5.3％），就業規則の整備・拡充（4.9％），退職等による欠員の補充（4.1％），介護休暇制度の確立（4.0％），業務研修制度の確立（4.0％），定期健康診断の実施（3.5％），生理休暇の確立（3.4％），退職勧奨などの雇用不安（3.3％），残業代の支払い（2.7％），育児休業制度の確立（2.0％）など。

　割合は割愛するが，その他にも正規職員との賃金・労働条件格差の是正，看護休暇制度の確立，正規職員で働きたい，有給による育児時間制度の確立，セクハラの防止，産前・産後休暇制度の確立，

男女差別をなくす，労働保険への加入といった改善要望もある。

6 法律事務職員の業務

(1)　調査結果

　2015 年に行われました大阪大学の仁木恒夫教授の調査によると，法律事務職員の担当業務として 9 割以上担当しているとの回答を得ましたのは，「来客の接遇」「電話の応対」「郵便物の収受」「資料等のコピー」「裁判所との連絡等」「登記簿等の謄本申請」でありました。

　これらの業務は，大半の法律事務職員の一般的業務と言い得ます。

　その一方で，「訴状の起案（21.1 ％）」「その他裁判関係書面の作成（19.5 ％）」「強制執行申立書の作成（37.4 ％）」「依頼者への報告書作成（34.1 ％）」などの法律事務の補助的業務に関しては一定数担当している法律事務職員はいるものの，「少数派」であると言えます。

　ちなみに，日弁連の主催する法律事務職能力認定試験の合格者だけに限って言えば，「訴状の起案（28.6 ％）」「その他裁判書面（30.5 ％）」「強制執行申立書（56.2 ％）「依頼者への報告書（51.4 ％）」といずれも高い割合でありました。

　さらに，2022 年の日弁連業務改革シンポジウムのために実施された会員向けアンケートでは，法律事務職員に担当させている業務内容として「事件処理の補助業務」との回答が約 81 ％，「書面の作成補助業務」が約 71 ％，「依頼者対応の補助業務」が約 61 ％といずれも高い割合でありました。

　この調査からも分かりますが，法律事務職員の一般的業務（来客接遇や電話，郵便，コピー，裁判所連絡等）を超えて，訴状起案等の法律事務の補助業務を手掛ける法律事務職員は相当数存在することが明らかとなっており，特に日弁連の認定試験によって一定の能力担

保を得た合格者にその傾向が強いと言えます。

　今後も，法律事務の補助業務はなくなることはございません。法律事務職員が法律事務の補助業務までできるならば，弁護士はより弁護士しかできない高度な業務に集中することで生産効率が進みます。また，法律事務職員にとってもクライアントや証拠資料と向き合う時間が増え，やりがいの増加につながります。またクライアントとしても忙しい弁護士を捕まえなくても，とりあえず話の通じる法律事務職員とスピーディに連絡が取れ，利便性が高いのです。

　この伝統的とも言える法律事務職員の法律事務補助業務は今後も続くでしょうし，将来的にリーガルテックが進展することで，法律事務職員がより一層法律事務補助をしやすくなる環境が整うため，さらに発展するでしょう（ただし弁護士の監督の下で事務をすべきことは言うまでもない。）。

⑵　新しい法律事務所と新しい法律事務職員の働き方

　日弁連が2020年3月に行った「弁護士業務の経済的基盤に関する実態調査（経済基盤調査）」によりますと，弁護士の事業収入と給与収入の合計の平均値は2,558万円でありました。

　2010年調査では3,304万円（なお2020年調査に含まれていない雑収入平均値102万円を含む。）でありましたから，わずか10年で弁護士の平均収入はおよそ2割もの減少があったことになります。

　この理由については分析されているわけではございませんが，競争過多によるパイの「奪いあい」が原因のひとつであることは間違いないです。

　また，将来を展望すると，加速度的な人口減少が市場の縮小を招くことは確実であり，リーガルテックの進展によって従来弁護士の業務であった業務までもが機械に代替されていくことになるでしょう。

　やや悲観的な将来展望ですが，私が言いたいことは，法律事務所は今までどおりの考え方では「危険」だということです。

　実際のところ，2割の売上減少が平均である現在の弁護士を取り巻く情勢のなかで，伸びている事務所（落ちていない事務所）というのは，新しい時代に対応している事務所だと言えます。
　例えば，集客方法（広告・広報），法律事務処理方法（リーガルテックや法律事務職員の活用），事業分野（従来の業務にサービスを付加して新サービスとしたり，ニッチな分野であったり）などに知恵と工夫がこらされている事務所，ということです。

　ちなみに，2020年経済基盤調査では，弁護士の労働時間の内訳も調査しており，平均値として弁護士の労働時間の85％は通常の弁護士業務に充てられているとの結果が出ています。
　残るたったの15％（1日8時間のうちのわずか1時間ちょっと）で，残るすべてのことを学び，考え，実施するのはいくら弁護士が「優秀」だとしても，なかなか困難ではないでしょうか。
　ちなみに，先にも紹介している2022年のシンポジウムのためのアンケート調査では，法律事務職員の担当業務として任せているものとして「IT・システム関係」が約31％，「所内マネジメント」が約26％，「広告・ホームページ・広報・マーケティング」が約15％という数値を示しており，法律事務職員が事務所の運営・経営面においても多忙な弁護士をサポートしている（し始めている）ことが明らかとなっています。
　事務所のホームページ，SNSの更新，事務所主催のセミナーの運営，ウェブ広告などを担当する広報やマーケティング担当の法律事務職員は，法律事務所への集客の導線を確保するために今後もより増加していくだろうと考えられます。

　リーガルテックなどの弁護士補助システムを導入する場合，所内にシステムなどに詳しい人材がいると効果的です（事務所の業務のやり方に合わせてシステムを運用できるからである。）が，このような技術担当を主に行っている法律事務職員も増えつつあります。特に，今後のE-裁判の本格導入に従って，ウェブのセキュリティに関しての知識をもつ法律事務職員は必須になってくるものと考えます。

　さらには，伝統的な法律補助職の概念を超えて，クライアントが法律解決を受け入れられる心理的土壌を作ることを重視する補助業務もありますし（法的解決と同時に感情面の整理をすることになり，クライアントと話す機会が多くなる。），選択すべき法的手段を提案するための基礎調査に従事する法律事務職員（抽象的な例だが，10件の債権未回収があったとして，決められた費用内でどの順序で回収をしていくことが最も企業の利益に叶うかを弁護士が提案するために，法律事務職員が相手方の信用調査などのリサーチをする。債権回収を受任した後の事務ではなく，受任する前の事務である。）などもいます。

　法律事務所が，事務所の運営に知恵と工夫をこらしていけば，それに対応した新しい業務範囲を担当する法律事務職員が誕生していくのです。今後の法律事務職員は，法律事務所の目指すサービスや運営方法に適合した存在が，より重宝され，重要視されていくでしょう。

座談会：さまざまな法律事務職員

平岡：さて，次は法律事務職員の様々な働き方ということで，みなさんの事務所の法律事務職員がどんな業務を担当しているかを教えてもらいたいと思います。

　　私の事務所では，基本的にはすべてのスタッフが法律事務の補助をしつつ，そのなかで経理だったり，人事だったり，事務所セキュリティだったり，新規事業開拓だったり，そういった様々な経営業務を弁護士と部会と呼ぶプロジェクトチームを作って担当している形式です。

　　法律事務の補助については，ひとつの事件（プロジェクト）に専属でひとりのスタッフを付けて，最初の相談から解決までをサポートするような形です。

　　相談や打ち合わせにも同席しますし，簡単な起案の第1稿を作成したり，弁護士の方針に沿って資料を集めたりします。交通事故事案ですと，自前の賠償計算シートに情報を入力して，賠償案の第1案を作成したりもします。

A弁護士：私の事務所では，社労士行書持ちのスタッフがおります。顧問先企業の助成金の相談や，申請のサポートなどを行っていますし，企業向けセミナーも共同で行っています。

　　資格のないスタッフは相続業務の補助，具体的には戸籍取寄せ，財産調査，調停申立書準備・起案，遺産分割後の処理などを行っています。

　　もちろん，最初の電話窓口はスタッフですし，依頼者窓口は基本的には法律事務職員が担当しています。

C弁護士：私の事務所でも受付は法律事務職員です。電話で仕分けする作業は大事だなといつも思っています。

　　交通事故，破産，個人破産，家事，後見といった分野ごとに業

務補助の担当スタッフを分けています。

　　事務処理の重要部分は弁護士がやっており，起案などはあまり
してもらいません。

　　弁護士は弁護士能力を最大限生かせる法律事務に集中し，それ
を可能とする環境を整えるのが法律事務職員の業務だと考えてい
るからです。

　　あと，セミナーの運営の準備は法律事務職員に任せています。

　　事務所に花を飾ったり，音楽を流したり。弁護士ではあまり気
を配らないところも，法律事務職員はやってくれます。

E弁護士：事務局長，パラリーガル，総務，広報といった形で部門
を分けています。

　　パラリーガルは法律事務の補助で起案なども行います。当たり
前ですが，交渉はさせていませんし，マニュアルを準備して，非
弁対策は心がけています。

　　広報は，ウェブサイトの更新やYouTubeの管理，セミナーな
どの企画運営などをしています。担当は1名です。

D弁護士：事務局長とその補佐というポジションを置いています。
経理業務のほか，マーケティングやマネジメントについて担当し
てもらっています。

　　マーケティング担当とは，ウェブサイトの運営管理，自社セミ
ナーの開催の準備，SNS，YouTubeなどの広報媒体の管理運営
をお願いしています。マネジメント担当は，現在採用回りを担当
してもらっています。

　　法律事務の補助については，基本的には弁護士主導で事件処理
を進めますので，その補助，補佐をお願いしています。

F弁護士：依頼者や関係者と直接やりとりすることで充実感を持っ
て仕事をしてもらいたいという理由もありますが，私の事務所で
は，法律的な内容の回答を必要とする場合を除いて，例えば打合

日程調整，管財案件や相続事件に必要となる依頼者や金融機関とのやりとりは基本的にスタッフに任せています。また，書面作成も，準備書面や相続人へのファーストコンタクトなど繊細な配慮が必要なもの以外は相当部分を任せていますね。

G弁護士：私も相当任せているほうだと思いますが，弁護士の管理監督を徹底しています。受任通知，請求書書面，損害計算書，訴状，破産申立書，家事調停申立書等のドラフト案作成や，受電の一次対応業務，弁護士の指示を依頼者や裁判所や保険会社に伝える業務などを任せています。日常業務以外では，売上集計，経費処理，給与計算，労務管理といったマネジメント業務と，広告運用のサポート，セミナー運営といったマーケティング業務も担当してもらっています。

平岡：ありがとうございます。

　ところで，近年リーガルテックと言われる技術に代表されるように，弁護士の業務をサポートするシステムやアプリが続々と開発されています。

　また，こういった弁護士の業務支援技術の発展によって，近年は経営戦略として法律事務職員を雇用せずに業務をする弁護士も増えてきています。

　法律事務職員の未来は，このような技術に代替されていってしまうのでしょうか。

G弁護士：IT化等で事務作業はオートメーション化し，減っていく可能性がありますが，依頼者対応は生身の人間を相手にするものですし，街弁として個人を相手に仕事をしている限りは仕事がなくなるということはないと思っています。

F弁護士：私も，単純な事務作業は減ると思いますが，顧客とのやり取り，顧客のフォローといった側面の仕事はなくならないと思います。

B弁護士：私も，当然代替される部分はあると思っています。

　が，私もスタッフが法律事務の補助をするのは，クライアントへのサービスの充実だと考えています。

　　弁護士ひとりよりも，クライアントを向いて仕事をするスタッフとチームで仕事をしたほうが，満足度が上がると考えるからです。

　　現に，事件が終わったときも，スタッフにも感謝の言葉を述べてくれる方はとても多いですし，新しく事件を紹介してくれるときも，まずスタッフに電話をかけてくることだってあります。

　　クライアントへのサービスの充実という視点で見た場合，単純な事務処理を機械が代替してくれるなら，よりサービスを手厚くすることができるのではないかと考えています。

D弁護士：同じような意見ですが，私の事務所では，より強く，より賢く，頼れる法律事務所を目指しています。それは，弁護士はもとより，法律事務職員にもそうあってほしいと考えています。

　　頼れる存在というのは，私は機械には代替できないと考えています。

E弁護士：同感です。

　　私の事務所も，単なる法律解決を超えた解決をしたいと考えています。クライアントに対して，法律的な正解だけを出せば良いと思えば，機械でも代替できるのかもしれませんが，それを超えるサービスは，人にしかできないはずだと思っています。なので，法律事務職員の仕事は不要にはなりません。

C弁護士：コミュニケーションツールで弁護士とクライアントが直接つながれば，電話を受ける仕事は今より重要ではなくなる。E-裁判が始まれば，書面の提出業務，紙の管理業務もなくなる。そういう意味では今の仕事の多くは代替されるかもしれません。

　　ただ，私の事務所では，クライアントに安心と納得を届けたい

と考えており，そのためには，ただお金を増減額すれば良いとか，ただ勝てば良いだけとは思っていません。

　クライアントは様々な問題を抱えており，不安や苦しみのなかにいます。

　そのようなクライアントに対して，安心と納得を届けるには，法律事務職員はもっともっと，やれることはたくさんあるのだと考えます。

　また，一生の職場として法律事務職員と働いている以上は，もし法律事務職員の業務が縮小するなら，解雇するのではなく，別法人を作って新しいサービスを一緒に作り上げていく方向を考えたいと思います。

A弁護士：法律事務職員には，どんどん資格を取るなどして，新しい可能性を期待しています。これからは，与えられた課題を解決するというよりも，課題を見つけて問題解決していくようなコンサルトが重要性を増すと思っていて，そのような働き方を一緒に目指していきたいと思っています。

終幕

「みなさんのおかげで無事に開所1年を迎えられました。本当にありがとう。」毛利は，小早川と吉川に頭を下げる。2人は，精一杯の拍手をしている。

「まだまだ毛利法律事務所も発展途上で，これからの事務所です。でも，まずはこの1年で，予定以上の成果を出せたことを素直に喜びたいと思います。」

そう言って，毛利は，もう作りなれたパワーポイントのスライドを変えて，今年1年の数字について語りだした。売上の推移，目標の達成度……。

「最後に，この1年の成果，利益処分として，みなさんに，本当に少しだけど賞与を出します！」そう最後に毛利が言うと，小早川も，吉川も大きな拍手とともに喜んでくれた。

「では，小早川から，今年の1年の振り返りをします。」小早川が前に出て，話を始める。

「毛利先生と，独立をすると決めて，シンポジウムとかも行きました。あれからもう1年以上の時間が経っているとは信じられません。独立してからは，どうやってクライアントを増やすか，セミナーの開催とか，ホームページとか。今までやってこなかったことを担当するようになり，本当に自分でも頑張ったなと思います（笑）。でも，その機会を与えてくれたこの事務所に感謝しています。先生の言うとおり，毛利事務所はまだまだ発展しますし，私がさせていきます。次の1年もよろしくお願いします。あ，あと先輩法律事務職員としても背中を見せられるよう頑張ります（笑）。」

毛利は，小早川のスピーチを聞きながら，本当にあっという間の

1年だったと思った。心細いときも，夢を語るときも，小早川と一緒だったことにどれほど勇気づけられたことだろう。

「はい。では古川からも一言。まずは，採用していただいてありがとうございました。司法試験を諦めて，どうしようと思っていたところだったので，嬉しかったです。法律にはまあまあ自信があったのですけど，実務は全然違って，新しく学ぶことの連続でした。途中，忙しくて小早川さんとかに愚痴を言ったこともあったけれども，毛利先生を中心に，一丸となって目標に進もうとする，しかも明るく飄々と，そんな事務所が好きで，頑張れました。私も，次の1年はさらに成長して，そろそろ小早川先輩を追い抜こうと思います。あと来年はもっと給料ください！」

吉川が笑顔でスピーチを終えた。少し強気で生意気だけど，業務にプライドをもつ吉川さんは，とても頼りになる仲間だ。

「2人とも，ありがとう。」

毛利は，涙ぐみそうになるのをこらえながら，強く拍手をして，笑った。

終

7　法律事務職員から一言集

　「あるベテラン法律事務職員Yさんより聞いた話。Yさんの勤務するO法律事務所は準公的機関の顧問をしており，多くの執行申立てをするそうですが，ある日，「申立書に添付されていた書類の一部を紛失してしまったようなので，再度，提出をお願いできませんか」と裁判所書記官から電話があったとのこと。Yさんは，件の書類についてはそもそも添付の必要なしと判断して提出していませんよと伝えたら，先方の書記官もホッと胸をなでおろしたとのこと。後日，判明したところでは，申立てを受け付けた裁判所が書類の一部がないことに気づき，**「あのO法律事務所が必要な書類を提出していないはずがない！　こちらで紛失したに違いない。とにかく探せ」**と号令がかかっていたとのこと。そこまで裁判所に信頼されている法律事務所があるんです！！」（大阪　橋本浩）

　素晴らしい！　弁護士の事務所運営や業務処理が評価されていることはもちろんのこと，執行申立という法律事務職員がかかわることができる範囲が広い分野において，法律事務職員の方々の丁寧かつ慎重な仕事が裁判所や各方面からの信頼獲得につながっているのでしょう。法律事務所の総合力を上げファンを増やすなら，法律事務職員の活用が効果的ですね。

───────── ◇ ───────── ◇ ─────────

　「「子どもたちに誇れるしごとを。」よく知られたある大手建設会社のキャッチコピー。

　私には2人の娘がいるが，幼い頃，親の仕事について聞かれたり語ることがあると彼女たちは間違いなく母親のことを話していた。相方は看護師であり助産師。当然，幼い娘たちも想像しやすく，伝

192

わりやすい。片や私が自分の仕事を語ると，丁寧に言葉を選んで時間もかかる。それでも伝わりにくい。最後は，「なんだかんだ言ってもやりがいがあって，社会に必要な仕事だ。」と無理矢理結ぶ。いつか法律事務職員も医療従事者と肩を並べたい。仕事に対する誇りは負けていないつもりだ。「**子どもたちに語れる仕事に。**」これからも微力を尽くしていきたい。」（名古屋　岩本学）

　看護師のいないクリニック，補助職員のいない税理士事務所，そして，書記官のいない裁判所，想像できますか？

　法律事務職員を一つの「確立した職業」に高めるとどれだけ良いことがあるか。

　私も，子供に誇ることができ，語ることができる仕事をしたいです。心から。

─────── ◇ ─────── ◇ ───────

　「弁護士と法律事務職員がチームとなってお互いに助け合いながら一つの目標に向かって仕事をするという達成感，これこそが法律事務所で働く法律事務職員の醍醐味だと思う。これは正に複雑な味わいを生み出す「**口中調味**」に似ているのではないか。」（大阪　福光佐和子）

　「口中調味」とは，日本人の食の特徴的な食べ方である三角食べ（ごはんとおかず，汁物を交互に食べる）があり，それによって食べ物同士を口のなかで味付けし変化を楽しんでいくもの。

　つまり，法律事務職員の仕事がやりがいのある，言い換えれば味わい深い仕事ということ。上手い！　座布団3枚！！

─────── ◇ ─────── ◇ ───────

　「少なくとも，**弁護士**から「**信頼されて任される**」ということが，法律事務職員にとって計り知れないモチベーションと業務に対する意欲の向上に役立っていることは間違いがない。」（大阪　富田宏史）

　普段，「弁護士からの指示⇔法律事務職員からの報告」ができている事務所であれば，弁護士の権限を越えて法律事務職員が直接法的判断をしたり勝手に書面を作成して提出するようなことはそもそもできない。弁護士の管理監督のもと法律事務職員に仕事を任すことが事務所全体の実務遂行能力につながるとの趣旨。

　まずは任せることから！　先生，あなたはできる，あなたがお尻を拭けないことなんてないんです！　やってみないと始まりません。

───────── ◇ ───────── ◇ ─────────

　「いつ電話しても直接話をすることが難しく，電話口に出てくる人がいつも違う。自分のことを知ってもらえているのか，依頼者なんだけどきちんと先生に伝えてもらえているのか**不安に感じる……という印象**になります。」（大阪　富田宏史）

　電話代行サービスやコールセンターに電話がつながると，依頼者は不安になることがあるのではないか，という問題提起。

　業務の効率化も大事，依頼者にとっては伝言でも良いから電話がつながることが大事，いろいろな価値観があると思います。

　困っている依頼者を安心させるために，様々な手段を講じて先生なりのサービスを構築していただければと願ってやみません。

───────── ◇ ───────── ◇ ─────────

　「アメリカでも弁護士に対する顧客からのクレームとして一番多いのが，電話の返信がないなどの**連絡に対する不満**であるそうで

す。」（札幌　中野俊之）

　日本でも多忙な弁護士にとっては，法律事務職員からの伝言メモや依頼者からの留守電などがあっても，なかなか迅速な応答は困難なことも多い。当然，依頼者としては不満がつのり，弁護士に対して不信を増大させてしまうという問題。

　案件に応じて担当の法律事務職員をつけ，依頼者に対して，自分がいない場合には担当法律事務職員の誰々に用件を伝えるように案内しておけば（その法律事務職員が日弁連能力認定試験を合格して，事案の全体を通しての手続内容を理解している知識やスキルを持っていることが前提），依頼者の不安や疑問を解消するよう対応することができ，弁護士は電話対応の手間を省きながら，依頼者の安心確保と顧客のクレームを回避の両方を実現できます。

　そう，有能な法律事務職員の確保！　どうすればよいか？　ヒントはこの本のなかに！！

◇　　　　　　　◇

　「保全処分は迅速性が求められ，供託手続なども必要ですから，なるべく依頼者，弁護士にとって最も便利な裁判所に提出したいので，**弁護士には「この裁判所にも提出できますが，どうしましょうか」と確認**するようにします。一言，確認するだけで喜ばれたこともあります。」（大阪　戸田直志）

　訴状提出のタイミングでチェックを指示された際，訴額と印紙代も検算，提出先の裁判所も確認しますが，保全処分の場合に特別裁判籍で本案管轄裁判所がほかに考えうるような場合もあるとの経験談。

　こんなスキルを持った法律事務職員がどこにいるのか？　日弁連

能力認定試験に合格していれば期待できるかも！　傍にいる法律事務職員に受験を薦めてみては。

――――――――――◇――――――――――◇――――――――――

「ロー卒生を雇って**時短生活始めませんか？**　浮いた時間で余暇を楽しむもよし，お金にならない仕事をするもよし，よりお金を稼ぐための営業をするもよし，よりどりみどりです（笑）」（群馬　堀哲也）

　業務遂行能力はロー卒かどうかに関わりないとしても，ロー卒であればそれなりの法律知識があるため教育研修に費やす時間が短縮されるとの趣旨から。
　先生方，裁判所書記官や一般企業の法務部を選ぶことが多い「法務博士」をもっと活用してみませんか？　育つかどうかは，読んでいる先生次第！

――――――――――◇――――――――――◇――――――――――

「私がたまたま日弁連の協力事務職員をやったり，単位会の講師やコンサルをやったり，ネット上で興味深い事務職員活用をしている弁護士に興味を持って話を聞いてみたいと思ったりするのって，**究極的に言えば，自分自身が安定した老後を過ごすためなんですよね。**」（横浜　成松広持）

　この10数年，様々な環境の変化があり，この業界を巡る状況も大きく変わろうとしています。ITを用いた業務効率化，弁護士広告の進化，新しい事務所経営の形，etc...。所属する事務所から安定した給与をもらうには所属事務所が永続していかなければならない。そのためには法曹界も元気があってほしい。所属する事務所で頑張

るのも，法律事務職員関連小委員会で協力法律事務職員として身を
粉にして誰より働くのも，法曹界の発展はもちろん，まず自分の生
活，自分の老後のため。自分の老後は自分で守るという決意の言葉。
　この達観ぶり，この俯瞰能力。先生方，所属事務所の経営や法曹
界全体にまで思いを致すことができる法律事務職員，ご自身でも
雇って育ててみませんか？

――――――――◇――――◇――――――――

　「自分を雇って責任ある立場を任せてくれている**今の代表弁護士
を，法人を支え続けたい**」（京都　金子洋平）

　知識と経験のある創業者弁護士と向き合い，食らいつき，コミュ
ニケーションを図り，所属する事務所を盛り立てていく気力の根本
には，使用者に対する深い敬愛の気持ちがある。ここまで言われて，
嬉しくない弁護士はいないでしょう。法律事務職員ととことん向き
合うと，こんな言葉が返ってくるかもしれません。

――――――――◇――――◇――――――――

　「**まだ若い**」（東京　上野宏樹）

　業務時間後の穏やかな時間，仲間たちと飲む時間が終わってほし
くないあまり「ん，今22時半？　まだ若いがな。まだいける。」と
発したらしい。普通は帰宅する時間ですね。
　でも，仕事の後，仲間と飲むのが好きなのです。大目に見てやっ
てください（笑）。

――――――――◇――――◇――――――――

　インタビューに協力してくれた弁護士の先生方（敬称略，順不同）

※なお，インタビュー動画は JALAP のホームページから視聴する
　ことができます。

武蔵野経営法律事務所　弁護士　加藤　剛毅

弁護士法人法律事務所リンクス　弁護士　藤川　真之介
　　　　　　　　　　　　　　　事務局　金子　洋平

弁護士法人兼六法律事務所　弁護士　森岡　真一

弁護士法人長瀬総合法律事務所　弁護士　長瀬　佑志

弁護士法人上原総合法律事務所　弁護士　上原　幹男

岡本綜合法律事務所　弁護士　岡本　成史

弁護士法人宇都宮東法律事務所　弁護士　伊藤　一星

法律事務所アルシエン　弁護士　北　周士

弁護士法人丸の内ソレイユ法律事務所　弁護士　中里　妃沙子

弁護士法人 GVA 法律事務所　弁護士　小名木　俊太郎
　　　　　　　　　　　　　　弁護士　森田　芳玄

モノリス法律事務所　弁護士　河瀬　季

第 3 部

Q＆A集

　第3部では，法律事務所を開業した先生方，既に開業してしばらく経ち諸々制度を整備していこうという先生方のために，Q&Aを整理しました。

　お役立ち書式も含めてご参照下さい。

【法律事務職員就業規則】

> ### Q1　就業規則って作成すべきなのでしょうか？

　就業規則を作成している法律事務所は多くないかもしれませんが，私は作成したほうが良いと思っています。

　就業規則は，労働契約の詳細な内容を定め，トラブルを回避するという機能的な意味がありますが，もっと言えば，従業員にどう働いてほしいか，どのような組織にしていきたいかという理念的な要素も加えられると考えています。

　就業規則の絶対的記載事項としては，労働時間の関係（始業終業の時刻，休憩，休日，休暇等），賃金の関係（賃金の決定・計算・支払い方法，賃金の締日・支払日，昇給に関する事項等），退職の関係（解雇事由など退職に関する事項）があります。

　この絶対的記載事項は就業規則で定める必要がありますが，それ以外の事項も定めて良いことは言うまでもありません。

　就業規則も，経営コミュニケーションの一環として，経営者が労働者に，しっかりと伝えるツールとして活用してみるのはいかがでしょうか。

　第1条は，通常の就業規則であれば，規則制定の目的（労基法第89条に基づき労働者の就業に関する事項を定める……）がきます。が，コミュニケーションとしての情熱や面白さは欠けると言わざるを得ま

せん。

　労働法に言われて，仕方なく規則を作るのでしょうか？

　例えば「基本的人権の擁護と社会正義の実現」を組織の目指す価値だと考えている事務所があったとしたら，第1条でそれを書いても良いのではないでしょうか。

　さらに，その価値を実現するために，従業員はどういう価値観をもって行動して欲しいのでしょうか。

第1条（目的）
　1　私たち○○法律事務所は，基本的人権を擁護し社会正義を実現することを使命とし，人間ひとりひとりが泣き寝入りをすることなく，自らの権利と考えを行動に移せる社会を目指します。
　2　前項の使命を実現するために，私たち○○法律事務所のメンバーは，ひとりひとりが充実し，向上心と情熱をもって業務にあたり，困難なときもみんなで力を合わせて乗り越えていく組織を目指します。
　3　この就業規則は，私たちの使命を実現し，ひとりひとりが幸せになるために，従業員の就業に関する事項を定めるものです。

　これは，例ですので，それぞれの経営者の思いをこの第1条に情熱的に（！）記載してほしいものです。

　次に，法律事務所の特徴としては，守秘義務や非弁規制などの重要な業界のルールがありますから，それを従業員に守ってもらうために，就業規則でもしっかり定めておきたいですね。

第○条（守秘義務）
　1　労働者は，職務上知り得た情報（顧客の個人情報・受任の有無・事件の内容・証拠資料等一切の情報）に関して，事前に事務所の許可なく，方法を問わず，外部（家族も含む）に漏洩してはなりません。

> 　2　事務所は，漏洩の危険性のある行為（誤送信，記録の持ち出
> 　　し，インターネットのセキュリティ等）について，別途ルール
> 　　を作りますから，順守してください。

　職務上得た情報の漏洩以外にも，記録の持ち出し，SNSへの書き込み，電子データの管理など法律事務所の情報セキュリティに関わるルールはたくさんあります。

　すべてを就業規則に規定するのは困難ですので，別途ルールをまとめておくと良いでしょう。

　次に，弁護士の監督なく法律事務を行わないことをしっかり規定することです。

> 第○条（非弁の禁止）
> 　1　法律事務職員は，弁護士の管理監督のもとに法律事務の履行
> 　　補助を行うのであり，弁護士の管理監督を受けずに，交渉や法
> 　　律相談（法的な見解を告げることを含む）をしてはなりません。
> 　2　事務所は，前項の管理監督のために別途に法律事務職員業務
> 　　ルールを作成しますので，必ずこれを順守してください。

　就業規則に関しては，読者であるみなさんも詳しいでしょうから，これ以上のひな型は割愛いたしますが，是非作成してほしいと考えています。

> Q2　就業規則を作成したらどうするのでしょう？

　就業規則を作成したら，管轄の労働基準監督署に届出を行います。
　厚生労働省ホームページ「主要様式ダウンロードコーナー」に「就業規則（変更）届」の様式例が掲載されています。

Q3　就業規則だけ作成すれば良いでしょうか？

　事務所の福利厚生のためには，「退職金規程」「産前産後休業規程」「育児介護休業規程」を作成することも有効です。

　産休，育児休業手続書類としては，日本年金機構ホームページ「健康保険・厚生年金保険関係届書」に

　「健康保険・厚生年金保険　産前産後休業取得者申出書」

　「健康保険・厚生年金保険　育児休業等取得者申出書」

　などが掲載されています。

【面接評価】

Q4　法律事務職員の採用ってどうすれば良いでしょうか？

　採用するか否かの判断は難しいですよね。

　1日に4人も5人も面接すると，こちらも疲れてしまって，言語化できないところで判断してしまいがちです。

　複数名で面接をして，採否の決定会議を行うときに，話がかみ合わないこともよくあることです。

　無駄な議論をした挙句，「声の大きい人」の採用意見が通ってしまうということも経験したことがあるのではないでしょうか。

　そもそも，採用は難しいものです。

　短い時間で事務所の欲しい人材を見つけ出すのは至難。とはいえ，経営者の「勘」というのも馬鹿にできないもので，「勘」採用でも，案外と良い人を採用できたりもしますね。

　そうかといって，「勘」に頼った採用を続けると，持続的な発展につながりにくい。創業者しか採用判断できない組織が，発展するはずがないからです。

　そこで，まずは今までの採否基準（誰であれ，必ずこの採否基準は持っているはずである。）を言語化してみてはどうでしょうか。

　そして，言語化してみたものを，なぜそうなのか考えてみてはいかがでしょうか。

　そのうえで，言語化した採用基準で，面接を行ってみる。

　紹介したシートは，面接担当者が共有し，面接に持って入るためのシートです。

こういったシートがあることで，採用基準とその考え方の共有ができ，その共有作業と実際の面接を通じて，採用担当者の育成につながる。そのことが，組織の持続的発展につながっていく。

事務所ごとに採用基準はあると思うので，この機に言語化したり，作り直してみるのはいかがでしょう。

私が思うに，素直さと向上心，この2つは成長するための基礎的な素養であると確信するので，絶対に入れてほしいと思っています。

Q5 法律事務職員を採用したら？

採用が決まったら，「雇用契約書」や「労働条件明示書」を作成，取り交わしておくことも大事でしょう。

厚生労働省ホームページ「主要様式ダウンロードコーナー」に「労働条件通知書」に様式例が掲載されています。

面接評価シート

面接日　令和　　年　　　月　　　日　　　面接形式　　対面／オンライン

面接官　　　　　　　　　　　　　　　　　応募社数

応募者　　　　　　　　　　　　　　　　　内定社数

1．素質・能力

判断項目	判断ポイント	個別評価
挨拶・言葉遣い・所作（視線・声量）は適切か		5・4・3・2・1
服装・身だしなみは適切か		5・4・3・2・1
質問を理解し的確に回答できるか		5・4・3・2・1
円滑な意思疎通を図れるか		5・4・3・2・1
謙虚さはあるか		5・4・3・2・1
素直さはあるか		5・4・3・2・1
書類に誤字はないか		5・4・3・2・1
文章は論理的か		5・4・3・2・1
弁護士（法律事務所）について事前に調べているか		5・4・3・2・1
		点数

2．熱意

質問	回答	個別評価
前職の退職理由（不満）は何か		5・4・3・2・1
人に負けたくないことは何か		5・4・3・2・1
今まで最も情熱を捧げたことは何か		5・4・3・2・1
就職にあたり最も重視することは何か		5・4・3・2・1
		点数

３．理解・共有

質問	回答	個別評価
志望動機は何か（なぜ弊所か）		5・4・3・2・1
弊所の理念は何か		5・4・3・2・1
どんな企業・事務所に応募しているか		5・4・3・2・1
法律事務所での仕事をどのようなものと考えるか		5・4・3・2・1
人生で最も大事にしているものはなにか		5・4・3・2・1
	点数	

４．環境

判断項目	回答	個別評価
通勤時間に問題ないか		5・4・3・2・1
勤務時間・残業に問題ないか		5・4・3・2・1
自分と子供の健康に問題ないか		5・4・3・2・1
家族の協力に問題ないか		5・4・3・2・1
	点数	

５．判定

【◎（採用）／○（賛成）／無印（賛成反対なし）／×（不採用）】

６．特記事項

【案件管理】

> **Q 6**　案件が多くなってきて管理が難しいのですが……。

　受任した事件を一覧で管理している弁護士は多いと思います。

　問い合わせがあったとき，抜けがないか確認したいとき，こういったときに一覧表は便利なツールです。

　法律事務職員と法律事務を協働する場合，担当者が 2 人になるので，共有のための「形式」というのはとても重要なツールになります。

　紹介しているのはエクセルでのシート作成例ですが，最近はシステムで管理をしている事務所も多く，便利なものを使えば良いでしょう。

　大切なのは，共有をするという強い意識と，「形式」を順守するということです。

　よくあるのが，法律事務職員は「形式」を守るが，弁護士は守らないというものですが，それは良くない。

　病院は，チーム医療が徹底しており，複数の医師や看護師，その他医療関係者が一人の患者を担当しますが，連携が取れているのは医療記録をはじめとした共有の「形式」を徹底しているからです。

　こういった「形式」を守らせるためには，今までやってきた個々のやり方を変えていく必要がある。そして，それは当事者にとっては嫌なことなのです。

　数年かかることを覚悟し，何度も何度も必要性を説いて，協力してもらう他ない！

【決裁依頼・方針相談票】

> **Q7**　事件処理において，法律事務職員との意思疎通ってどうすれば良いでしょう？

　正直に申し上げると，私は以下紹介する「決裁依頼・方針相談票」を使ったことはありません。

　というのも，別のツール（アプリ）を使って行っているからであり，紹介したシートは，この書籍のためにわざわざ作成したものだからです。

　こういった決裁の依頼や方針相談も，今は便利なツールはたくさんありますから，工夫していってほしいと思います。

　今回わざわざ作成したのは，こういった項目があれば良いということを紹介したかったからです。

　法律事務職員あるあるとしては，弁護士に方針相談に行き，そこで決まった方針で進めたが，後から弁護士にそんなこと言ってないとはしごを外されるというケースです。

　弁護士の決裁・相談は，どんな形であれ，形に残すことは，弁護士にも，法律事務職員にも，事務所にとっても身を守る意味も含めて重要です。

　また，非弁を回避するためには，弁護士が事件処理の主体となり，法律事務職員は履行補助者である必要があります。

　そこを明らかにする意味でも，形式的なルールを作ることは重要だと考えています。

決裁依頼・方針相談票

事務所名： ＿＿＿＿＿＿＿＿＿　　依頼（相談）日：　　年　　月　　日
氏　名： ＿＿＿＿＿＿＿＿＿　　希望決裁(回答)日：　　年　　月　　日

依 頼 者	
受 任 事 件	
ステータス	
現　状	
問 題 点	
獲 得 目 標	
依頼者希望	
【依頼・相談事項】	
付 言 事 項	
添 付 資 料	

決裁・回答票

氏　名： ＿＿＿＿＿＿＿＿＿　　決裁(回答)日：　　年　　月　　日

回答内容	【決裁・条件付承認・保留・否認】

決裁依頼・方針相談票

事務所名：○○事務所 _____

氏　　名：○○　○○ _____

依頼（相談）日：令和４年１０月１１日

希望決裁(回答)日：令和４年１０月１４日

依 頼 者	甲野　太郎
受 任 事 件	損害賠償請求事件
ステータス	治療中
現　　状	事故後３か月経過、主治医は治療効果ありと診断
問 題 点	対人保険会社から１０月末をもって治療費打ち切りの打診あり、依頼者に金銭的余裕なし
獲 得 目 標	あと３か月の治療費内払いの延長→不可なら労災保険切り替え打診
依頼者希望	治療費内払い延長。労災切り替えは会社との関係でしたくない。
【依頼・相談事項】	治療費の延長交渉をお願いします。
付 言 事 項	治療効果ありとの資料はありません。
添 付 資 料	経過診断書。

決裁・回答票

氏　名：弁護士　○○ _____

決裁(回答)日：令和４年１０月１２日

	【決裁・条件付承認・保留・否認】
回答内容	裏付けなく対人社が治療費内払い延長に応じるとは考えにくい。 私から労災保険切り替えを再度本人に説明します。 そのうえで主治医に治療効果について照会回答を依頼しましょうか。

【業務指示・業務依頼票】

> Q8　事件処理の指示がうまく伝わらず，形に残ってもいないの
> で法律事務職員から「そういう指示ではなかったのではな
> いか」と言われて困ることがあります。

　これは，弁護士→法律事務職員のものであり，趣旨としては「決
裁・相談」（法律事務職員→弁護士）と同じものです。

　もちろん，これも別のアプリやシステムで容易に代替できるので，
それぞれの事務所で工夫していってほしいと思います。

　ところで，この「業務指示」も前に紹介した「決裁・相談」も
「ステータス」という欄がありますね。

　私は，このステータス欄は結構重要だと考えています。

　例えば，交通事故ならステータスは「治療中」「後遺障害手続中」
「交渉中」「訴訟中」といった大分類ができます。もっと細かく，
「治療中　急性期」とか「治療中　固定前」とか「後遺障害手続中
申請前」とか「後遺障害手続中　結果待ち」とか「交渉中　提案
前」とか分類を増やしても良いでしょう。

　要するに，今この事件が全体像のなかのどの位置にいるのかとい
う把握のための情報であるし，事件進捗の遅滞を図る目安にもなる
のです。

　シート記載例を見ると，ステータス訴訟中で，財産分与のために
土地評価をお願いしています。訴訟前に調べておけよ，と思うとこ
ろは置いておいて（被告側なのかな？），ステータスが分かることで，
法律事務職員側も次の期日に間に合うのか，査定結果が返ってきた
ら証拠化や財産一覧表に転記する等，仕事の質にも大きく影響して

くることになります。

業務指示・業務依頼票

事務所名：＿＿＿＿＿＿＿＿＿　　　　指示（依頼）日：　年　　月　　日
氏　　名：＿＿＿＿＿＿＿＿＿　　　　希望回答日：　　年　　月　　日

依 頼 者	
受 任 事 件	
ステータス	
現　　状	
問 題 点	
獲 得 目 標	
【指示・依頼事項】	
付 言 事 項	
添 付 資 料	

業務報告・業務回答票

氏　名：＿＿＿＿＿＿＿＿＿　　　　回 答 日：　　年　　月　　日

	【以下、ご確認をお願いいたします。】
回答内容	

業務指示・業務依頼票

事務所名：○○事務所　　　　　　　　　　指示（依頼）日：令和4年10月11日
氏　　名：弁護士　○○　　　　　　　　　　希望回答日：令和4年10月17日

依 頼 者	乙田　花子
受 任 事 件	離婚等請求事件
ステータス	訴訟中
現　　状	婚姻財産が争点
問 題 点	不動産価格
獲 得 目 標	出来る限り依頼者に有利な不動産評価査定
【指示・依頼事項】	2・3社から簡易査定を取得してください。
付 言 事 項	○○さんに聞くと不動産会社担当者と連絡先を教えてくれるはず。
添 付 資 料	不動産登記事項証明書

業務報告・業務回答票

氏　名：　○○　○○　　　　　　　　　　回答日：令和4年10月13日

回答内容	【以下、ご確認をお願いいたします。】 ○○不動産と□□不動産から査定報告書が届きましたのでご確認ください。

【新人研修カリキュラム】

> **Q9**　採用したものの，どのように教育して良いかわかりません。

　新人法律事務職員に対する教育カリキュラムの例です。

　こんな細かくやるのか，と思ったかもしれません。

　が，内容を読めばこの程度できなければ法律事務所で働けないことばかりであることが分かると思います。

　法律事務所で働くことは，そんなに簡単な仕事ではありません。

　私の事務所では，守秘義務や利益相反防止という弁護士法上の基本的な義務や，誤送信の防止や電子データのセキュリティなどはきっちり教育しています。

　例えば，メールに添付してあるデータを開いてよいのか否か，その基準。FAX送信時のルール，記録を事務所外に持ち出す際のルール，セキュリティ事故が起きた時の連絡体制，アプリ等の利用ルール……

　今後，裁判もE-裁判に移行し，訴訟記録も電子データになるので，今以上に法律事務所のセキュリティが重要性を持ちます。

　どのようなセキュリティ体制を取るのかを理解し，しっかり教育をしておいたほうが良いと考えています。

テーマ		法律事務のスキル1		概要	マナー 法律事務所内のマナー		
No.	レベル	チェックポイント		到達度チェック 実施日（　／　）	コメント		備考
1	ベ	事務所内でのコミュニケーション ・自発的に、「おはようございます」、「お疲れ様でした」等の挨拶ができる	弁	A B C 未			
			本人	A B C 未			
2	ベ	身だしなみ ・来客（依頼者・相談者）に対して不快感を与えない服装等である	弁	A B C 未			
			本人	A B C 未			
3	ベ	言葉遣い ・丁寧な言葉遣いを実践できる	弁	A B C 未			
			本人	A B C 未			
4	ベ	名刺交換 ・来客に対して、名刺の受け渡しが丁寧にできる	弁	A B C 未			
			本人	A B C 未			
5	ベ	来客のご案内等 ・各事務所の運用に従い、来客のご案内・飲み物の準備等を実践できる	弁	A B C 未			
			本人	A B C 未			
6	ベ	来客への対応 ・来客があった際、率先して接客対応をしようとしている	弁	A B C 未			
			本人	A B C 未			
7	ベ	電話対応 ・電話は2コール以内に取ることができる	弁	A B C 未			
			本人	A B C 未			
8	ベ	封筒の書き方 ・封筒の宛先・宛名を正しく書くことができる	弁	A B C 未			
			本人	A B C 未			
9	ベ	文章上のマナー ・文章で連絡をする際（文書・メール等）、敬語・挨拶等を適切に使うことができる	弁	A B C 未			
			本人	A B C 未			
10	ベ	環境美化への配慮 ・事務所内の環境美化・整理整頓について、率先して取り組んでいる	弁	A B C 未			
			本人	A B C 未			
自己分析 コメント							
総評 コメント							

【評価方法】
A： 周囲の指導・助言がなくても、一応実践できる。
B： 周囲の指導・助言を受けながら、実践できる。
C： 周囲からの指導が必要である。

【レベルの目安】
ベ： Basic（1回目のチェックでA評価を目指したい項目）
ス： Standard（2回目のチェックでA評価を目指したい項目）
ア： Advanced（3回目のチェック以降でA評価を目指したい項目）

テーマ		法律事務のスキル2		概要	管理 個人情報の管理、スケジュール管理	
No.	レベル	チェックポイント		到達度チェック 実施日（　／　）	コメント	備考
1	ベ	個人情報に関する書類の処分 ・個人情報とは何かを理解している ・シュレッダー等を用い、適切に処分している	弁 本人	A B C 未 A B C 未		
2	ベ	事務所外での情報漏洩の防止 ・外部では個人が特定できる情報の話をしない	弁 本人	A B C 未 A B C 未		
3	ベ	郵便物の封入ミスの防止 ・封をする前に、宛名・封入物の内容を確認している	弁 本人	A B C 未 A B C 未		
4	ベ	メール・FAXの誤送信の防止 ・送信前にメールアドレス（FAX番号）・送信内容を確認している	弁 本人	A B C 未 A B C 未		
5	ベ	事件記録等を外部への持出し ・盗難・紛失防止のため常に管理している ・できる限り依頼者名が見えないように注意している	弁 本人	A B C 未 A B C 未		
6	ベ	デジタル機器の使い方 ・パソコン、タブレット等基本的なしくみを理解している ・入力方法を理解し、実践している	弁 本人	A B C 未 A B C 未		
7	ス	スケジュール管理の重要性の認識 ・漏れなくスケジュールの管理をしている ・事務所運営の点も配慮して、スケジュール調整をしている	弁 本人	A B C 未 A B C 未		
8	ス	個人情報管理、各種集計の認識 ・個人情報、集計に関する情報を記録し、更新を怠らないようにしている	弁 本人	A B C 未 A B C 未		
9			弁 本人	A B C 未 A B C 未		
10			弁 本人	A B C 未 A B C 未		
自己分析 コメント						
総評 コメント						

【評価方法】
A: 周囲の指導・助言がなくても、一応実践できる。
B: 周囲の指導・助言を受けながら、実践できる。
C: 周囲からの指導が必要である。

【レベルの目安】
ベ: Basic（1回目のチェックでA評価を目指したい項目）
ス: Standard（2回目のチェックでA評価を目指したい項目）
ア: Advanced（3回目のチェック以降でA評価を目指したい項目）

テーマ		法律事務のスキル3		概要	弁護士倫理
					事件記録の管理

No.	レベル	チェックポイント		到達度チェック 実施日（　／　）	コメント	備考
1	ベ	守秘義務の理解・実践 ・当事者以外へ受任事件の情報を口外しないように注意している ・弁護士と協議して適切に対応している	弁	A B C 未		
			本人	A B C 未		
2	ベ	利益相反の禁止 ・利益相反の事件は受任できないことを理解し、説明できる	弁	A B C 未		
			本人	A B C 未		
3	ベ	利益相反を回避するための実践 ・データで相手方名を検索している ・疑わしい場合、弁護士と協議して適切に対応している	弁	A B C 未		
			本人	A B C 未		
4	ス	非弁活動の禁止 ・示談交渉（具体的な金額の交渉）、法廷への出廷は、弁護士が行わなければならないことを理解し、実践できる	弁	A B C 未		
			本人	A B C 未		
5	ス	報告義務の実践 ・報告義務を理解している ・依頼者に対して受任事件の進捗状況を正しく報告している	弁	A B C 未		
			本人	A B C 未		
6	ス	事件記録の管理① ・運用に従って、収集した資料を適切にファイリングし、管理している。	弁	A B C 未		
			本人	A B C 未		
7	ス	事件記録の管理② ・依頼者から預かった資料等は、紛失を防止するため、何らかの対策を講じている	弁	A B C 未		
			本人	A B C 未		
8	ス	事件記録の管理③ ・事務所内において、来客等から依頼者名が見えないよう、記録ファイルの保管場所に配慮している	弁	A B C 未		
			本人	A B C 未		
9	ス		弁	A B C 未		
			本人	A B C 未		
10	ス		弁	A B C 未		
			本人	A B C 未		
自己分析コメント						
総評コメント						

【評価方法】
A： 周囲の指導・助言がなくても、一応実践できる。
B： 周囲の指導・助言を受けながら、実践できる。
C： 周囲からの指導が必要である。

【レベルの目安】
ベ： Basic（1回目のチェックでA評価を目指したい項目）
ス： Standard（2回目のチェックでA評価を目指したい項目）
ア： Advanced（3回目のチェック以降でA評価を目指したい項目）

| テーマ | 法律事務のスキル4 | | 概要 | 経理処理 |

No.	レベル	チェックポイント		到達度チェック 実施日(／)	コメント	備考
1	ベ	経理に携わる心得 ・銀行口座、現金管理のしくみを理解する ・入力漏れなく、正確な管理が求められることを理解する	弁	A B C 未		
			本人	A B C 未		
2	ベ	経理データの意義、見方 ・入出金はすべて経理データへ入力すべきことを理解している ・相手科目等の基本を説明できる	弁	A B C 未		
			本人	A B C 未		
3	ス	預り口座の入出金 ・預り口座通帳の入出金を確認できる ・経理データへ適切に入力ができる	弁	A B C 未		
			本人	A B C 未		
4	ス	報酬口座の入出金 (着手金・報酬金の入金) ・報酬口座通帳の入出金を確認できる ・経理データへ適切に入力できる	弁	A B C 未		
			本人	A B C 未		
5	ス	事件処理で生じた実費の管理 ・漏れなく経理データへ入力ができる ・支出の証明資料(領収証など)をしっかりと保管できる	弁	A B C 未		
			本人	A B C 未		
6	ア	弁護士費用・実費の精算 ・返金額、振込手数料、報酬額、実費精算を適切に入力できる	弁	A B C 未		
			本人	A B C 未		
7	ア	立替金・事件費の区別 ・両者の区別を理解し、説明できる ・発生した実費について、適切に両者を使い分けできる	弁	A B C 未		
			本人	A B C 未		
8			弁	A B C 未		
			本人	A B C 未		
9			弁	A B C 未		
			本人	A B C 未		
10			弁	A B C 未		
			本人	A B C 未		
自己分析 コメント						
総評 コメント						

【評価方法】
A: 周囲の指導・助言がなくても、一応実践できる。
B: 周囲の指導・助言を受けながら、実践できる。
C: 周囲からの指導が必要である。

【レベルの目安】
ベ: Basic(1回目のチェックでA評価を目指したい項目)
ス: Standard(2回目のチェックでA評価を目指したい項目)
ア: Advanced(3回目のチェック以降でA評価を目指したい項目)

【経営コミュニケーション】

> Q10　法律事務職員と経営コミュニケーションの取り方が分かりません。

　難しく考える必要はありません。

　と言いますのも，すべてが経営に関係するからです。

　事件処理関係のコミュニケーションを特に抜き出して考えていますが，これは法律事務所の主力商品であることや，非弁規制の関係からです。

　人事，売上，所内ルールなどなど何でも良いではありませんか。要するに，コミュニケーションとは，意思を伝えることです。より望ましいのは，相互に，でしょう。

　日々忙しいですから，コミュニケーションのために時間を特別に取るのは良いことだと思います。

　例えば，年に一度でも，法律事務職員面談の時間を取ってはどうでしょうか。

　事務所として進みたい方向，そのなかで何をしてほしいのか，という事務所都合の話は必要になります。ただ，これを伝えるだけなら一方向でしかありません。

　担当として，もっと良くする方法やアイデアを聞いても良いでしょう。あるいは，現在困っていること，苦手な業務などを聞くのも良いでしょう。反対に得意なこと，やりがいを感じることを聞いても良いでしょう。

　読者の弁護士は，裁判で勝ったり，依頼者から感謝の言葉をもらったり，そういったことにやりがいを感じるのではないでしょうか。

　自分自身を高め，結果が出ると言うストイックな喜びもあるで

しょうが，そこに加えて，他者からの称賛や感謝は，やはりやりがいに直結するものです。

　法律事務職員も，日々業務をしていて，自分の仕事が役に立っているのか，事務所の発展に貢献できているのか，不安に思っています。

　個人面談は，そういった経営者の素直な感謝や思いを伝えるのにも適した場だと思います。

テーマ	キャリアデザイン	概要	将来の目標(ありたい姿)実現へ	
No.	質問事項	コメント		備考
1	現在困っていること 生活／身体／精神／業務／職場			
2	楽しかった業務 やりがいを感じている業務			
3	楽しくない業務 やりたくない業務			
4	自分の強み			
5	自分の不得手			
6	周囲から求められる姿			
7	将来の目標(ありたい姿) やりたい業務			
8	目標に近づくための方法			
	総評 コメント			

> Q11　そろそろ事務所経営の方針を所内共有したいと思うのですが。

　弁護士や法律事務職員が複数いらっしゃるなら，第2部でご紹介した経営方針発表会を開催してみるのはいかがでしょうか。

　弁護士1名，法律事務職員1名なら，日ごろの場所から環境を変えて，例えば個室の料理店なので改めて話す機会を設けても良いかもしれません。

　重要なことは3つです。

① 　場所：心機一転（事務所以外の場所で開催）
② 　内容：経営者としての現在地（ありのままを伝える）
③ 　手段：どうやって伝え，心に残してもらえるか

　手段は少し難しいと思うかもしれません。ヒントとしては，「スピーチ」（自分が面白いと思えるか），「双方向」（職員のスピーチ，発表，プレゼン），「お祭り感」（表彰，チーム対抗ゲーム，出し物，ちょっと良い食事），「ゲスト」（経営者として言いにくいことや事務所を取り巻く状況を他者から伝えてもらうのも一つの手）です。

　手順としては，まず，発表会PT（プロジェクトチーム）を結成することもお勧めです。

　事務所運営への参画の場と考えると，新人弁護士と新人職員が望ましいでしょう。

　そこで開催時期，開催場所，式次第，内容，ゲストを考えてもらいます。

　式次第は第2部でもご紹介しましたが，以下の案を参考にしてみて下さい。

1．代表スピーチ

　　今後の展望と今年の目標

2．ゲストスピーチ

3．代表またはパートナー弁護士スピーチ

　　数字の共有，具体的施策の発表

4．昼食

　　スピーチを聞いた感想（アンケート）作成

5．新規事業コンテスト／各事業部報告／チーム対抗ゲーム

6．おやつタイム

　　コンテスト投票集計や事業部報告への感想（アンケート）作成

7．表彰

　　勤続表彰，顧客感動賞，結婚・出産祝い，新規事業コンテスト優勝，チーム戦優勝

8．今年やりたいこと発表会

> **Q12**　採用したい人材に出会えないし，経費も増大するから法律事務職員雇用をあきらめようと思っています……。

　経費が増えるので法律事務職員を雇用するか悩む。

　これは，よく耳にする悩みですが，反対にいうと，売上がもう少し増大すれば法律事務職員は雇用したい，ということではないかと思います。

　売上をどうやって維持・成長させるかは，あらゆる法律事務所の悩みです。ここでは，売上と法律事務職員の関係について考えてみましょう。

　確かに，法律事務職員を雇用することは，経費だけに注目すれば，増えることになります。しかし，それだけでは片面的な見方と言えます。

　法律事務職員が適切に稼働することで，弁護士の時間を大幅に作ることができるはずです。法律事務所の成長とは，弁護士の時間をどのように使って売上を増加させるかに尽きると思います。法律事務職員によって弁護士の時間ができるというのは，かなりのチャンスだと私は考えています。私は，法律事務職員がいることで，売上が上昇するのが普通だと考えています。

　ただし，これには条件があります。第1に，法律事務職員が弁護士の時間を作るに足りるだけの補助・支援ができること，第2に，弁護士が空いた時間を使って事務所の成長につなげられるだけの経営感覚があることです。

　もっとホームページを充実させられれば，顧客獲得ができるかもしれない。例えばこのような悩みがあるのであれば，今まで自分が行ってきた業務の一部を法律事務職員に補助してもらうことで，ホームページを充実させるための時間を作ってはどうでしょうか。

　経費が心配で法律事務職員を雇用しないとの理由を消極的な理由とした場合，その一方で，積極的な理由から法律事務職員を雇用しない事務所もあります。これは，経費の問題ではありません。

　業務範囲を一定に絞り，クライアントとの連絡方法を限定したり，様々な弁護士支援ツールを活用することで，弁護士の時間を効率的に売上に結びつけるスタイルを確立している事務所です。

　本書とは反対の立場のように見えますが，実は，弁護士の時間の効率的な運用を重視しているという点では共通するものがあると私

は考えています。

> **Q13**　法律事務職員能力認定試験は，法律事務職員に受けても
> らったほうが良いでしょうか？

　法律事務職員能力認定試験とは，日弁連が主催する法律事務職員
向けの試験となります。本書でも紹介していますが，研修も充実し
ており，役に立つ内容だと考えています。

　私は，事務所のメンバーには，受講・受験を推奨しており，試験
費用も事務所負担にしています。

　その理由は，試験範囲が幅広く，法律事務職員としてはこれは
知っておきたいという分野について勉強してもらうことができるか
らです。

　事務所によっては，幅広く分野を扱わないので，業務には不要の
知識だと考えることもできます。

　私は，専門分野は深く研鑽したら良いとは思いますが，それ以外
の分野でも基本的な事項を学ぶことで，結果専門分野の知識が深化
することはあると考えています。

　また，日弁連が唯一法律事務職員のために行っている試験ですか
ら，やはり法律事務職員は受けておいてほしいと思っています。

> **Q14**　法律事務職員との協働にあたって取得を推奨するお勧めの
> 資格ってありますか？

　法律事務職員との協働とは，目的でも答えでもなく，事務所運営
のひとつの手法だと考えています。したがって，資格についても事
務所によるでしょう。

　私の事務所では，マンション関係の業務も行っている関係で，マ

ンション管理士の資格の勉強をする法律事務職員が多いです。最新情報も含めて，法律事務職員の知識に助けられることもしばしばあります。

その一方で，交通事故分野では，みんな医学的な知識を相応に持っていますが，資格取得も簡単ではなく，何らの資格はもっていません。しかし，常に助けられてはいます。

大切なのは，法律事務職員が必要性を感じて，積極的に勉強してくれるような環境かなと思います。

> **Q15** テレワークの法律事務職員と事件処理を進めるのが難しいのです……。

私もそう思います。

ただ，難しいという原因について考えてみると，「テレワーク」だからというよりは，「今までのやり方と同じようにやっている」から，ではないでしょうか。

同じ事務所で顔を合わせていれば，少し意思疎通するだけて進んだものが，進まないとか，業務指示が伝わらないとか，何の業務を行っているか分からないとか……。

ヒントとしては，業務のやり方を個々に委ねず，形式（ルール）を共通させることだと思います。今までのやり方を変えると，必ず軋轢が生まれますし，浸透に時間はかかるものです。しかし，経営者が，テレワークというものを，コロナ禍の一時しのぎの働き方と考えず，将来に向かってのチャンスと感じるならば，時間かかっても変革をしていくべきだと思います。

> **Q16**　結局非弁と言われそうで法律事務職員に積極的に業務を任せられない。

　弁護士の指示，方針があり，補助業務を行う。ここがしっかりしている限り，非弁ではありません。マニュアルなども作りやすいと思います。

　行ってはならないのは，丸投げや放置です。こうなると非弁の可能性は高まります。手綱は常に弁護士が握ることが必要であり，結局は弁護士次第というわけです。

　依頼者対応についても，最初の電話の受付などマニュアル化可能な業務は法律事務職員に任せても何らの問題はありません。

　少し高度なのは，受任中の依頼者との会話になります。法律事務職員は，法的判断をしてはならないことは教育が必要な部分です。また，法的判断の前提となる重要なヒアリングなどは，法的スキルが重要ですから，弁護士がすべき業務です。

　このように，何でもかんでも任せて良いわけではありませんが，今以上にできることは確実にあります。

　悩むよりは行ってみようの精神で挑戦してみて下さい。

> **Q17**　自分と法律事務職員の業務レベルに差があり過ぎて，有効活用できない。

　扱う分野がニッチで専門性が高い分野ですと，法律事務職員との協働が難しいという話を聞いたことがあります。

　さほどの売上規模にならず，弁護士ひとりでも，できてしまうというわけです。

　専門知識やスキルを分解して法律事務職員に教えることは可能かもしれませんが，それをするだけの業務の拡大は見込めない。

　このような場合には，積極的に雇用しない事務所戦略を描き，実現していくというのも良いのではと思います。

　そうではない場合，やはり法律事務職員を教育するメリットは十分にあるように思います。

　確かに，教育をしても，弁護士のもつ経験やスキルに達しないことはあるでしょうが，そこは重要ではありません。なぜなら，弁護士を育てるわけではないからです。

　私の経験をひとつ語らせてもらいます。

　交通事故の損害賠償の算定のなかに，自営業者の基礎収入の算定というものがあります。休業損害や逸失利益の計算に使うもので，確定申告書を読解する必要があります。

　赤い本とか交通事故の本を読むと，ただ所得額を入れれば良いというものではないようですが，分かり易く解説してあるものは見つかりません。そこで，どうやって計算するのか研究しました。理解してしまえば，計算式も難しくなく，たいしたことはない知識なのですが，理解するまでに高い障壁があります。

　私は，確定申告書のここを見て，この経費項目を入力すれば，基礎収入が算定されるというエクセルのシートを作りました。これによって，正直，誰でも自営業者の基礎収入の算定ができるようになりました。

　他にも例はたくさんあるのですが，業務レベルの差は埋めがたいものがありますが，そのうちの7割くらいまでは，やり方次第で埋まるものだと考えています。

　法律事務職員に業務を補助してもらう場合，結果（成果物）よりも，それを作る過程を補助してもらうと考えると，非常に時間短縮

の効果を実感すると思います。

　法律事務職員のなかには，結論だけ持ってきて，過程が不明な成果物を持ってくる人がいますが，これは困りものです。再度検討をしなくてはならず，時間短縮にはならないからです。法律事務職員は，結論を出す仕事ではなく，そこに至る過程を補助する業務だと考えるべきであり，そのつもりで業務をすると，弁護士の評価も高くなると思います。

　また，弁護士側も，自分の判断過程をきちんと分析して，法律事務職員に補助してもらうという意識がとても必要だと考えています。

Q18　法律事務職員の給与を上げてあげたいけど新規事業への投資もあり決断できない。

　経営判断ですね。

　給与か，投資か，と分けていますが，両方投資だと考えてみてはいかがでしょうか。これは，法律事務所アルシエンの北周士弁護士が私のインタビューに対する回答として発言したものです。これを聞いたとき，私は目から鱗が落ちた思いがしました。

　新規事業への投資というのは，いかにも将来投資らしくて分かり易いですが，給与，つまり人材への支出も十分投資活動になります。

　むしろ，投資と考えたほうが，法律事務職員との経営コミュニケーションの重要性は理解していただけるのではないかと思います。

　明日の売上確保（新規分野開拓）のため，人材に投資すべきか，人材以外のホームページや広告広報費に投資すべきか。両方するとしたらどのようなバランスですべきか。

　反対の立場からいうと，法律事務職員が自分の給与をあげてほし

いと思うなら，投資先として自分を選んでほしいということになります。

　自分の成長のため，この点について考えてみても良いのではないでしょうか。

Q19　法律事務職員の業務評価が難しい。

　難しいのは，事件処理を担当する法律事務職員ではなく，バックヤードの法律事務職員だと思います。仕事の内容を弁護士があまり理解していないことに加えて，間接部門のため売上連動評価が難しいのが原因だと思います。

　確かに，どの企業でも間接部門の評価は減点方式になり易く，評価は難しいと言われています。

　間接部門の評価でも，定量化した目標を立てるのが良いと言われていますが，その目標を立てるコスト・時間を考えると，結局難しいというのが正直なところだと思います。

　間接部門は，直接売上を作る部門ではありませんが，組織が売上を立てるためのインフラや環境を整備する部門です。その意味では，インフラや環境が充実すれば生産効率も上がっていくはずであり，生産効率が上がれば，普通は売上も上がるはずです。

　このように考えると，配分率はともかく，売上または生産効率と連動させた給与評価というのも良いのではないかと考えています。それによって，バックヤードの人材が，いかに直接部門（ここでは弁護士）の業務効率をあげられるか，生産効率をあげられるかを考えてもらうきっかけになると思います。

Q20　雇用している法律事務職員同士の折り合いが悪く職場雰囲気が悪くなっている。

　「同じ仕事をしているのに待遇が不公平」「勤務態度が悪い，だらしない」「怠けている人のしわ寄せがこちらにくる」「面倒な仕事を押し付けられる」「物言いがきつい」「人の陰口を言う」……私も言い出したらきりがないほど耳にします。

　勤務態度や評価制度といった職場マネージメントで何とかできる範囲であれば良いのですが，それ以外の人間関係の問題になると解決は難しいですよね。そもそも「仕事」ですから，雰囲気は気にせずに業務の成果だけで評価し続ける，それが経営陣からのメッセージだと伝えることもひとつでしょう。

　雰囲気を大事にと考えるなら，定期的な面談にとどまらず，昼休みや休憩時間，業務後といった時間を利用して，日々職員と話す時間をつくり，法律事務職員同士がどのように考えているか聞いてみるのも有効かもしれません。お互いの真意を理解できていないような場合もあるでしょうから，チームで一致団結できるような目標を作り，実践させてみるのも手かもしれません。

　それでもだめなら，もう，どちらか一方に辞めてもらいましょうか。

　法的手続きは，読者の先生方にお任せします！

Q21　法律事務職員を教育するのに時間と労力がかかりコストがペイしないと思う。

　前述の北周士弁護士の「法律事務職員への給与は将来への再投資である」が再登場しますが，教育に要する相当の時間や労力も将来への再投資と思えるかどうか，だと思います。再投資だと思えば，

ペイしないはずがないと思えますよね。

　先生方の時間と労力を守るために，第2部でご紹介したJALAPの法律事務職員育成支援システムも用意してあります。

　使えるものは有効に使っていただき，法律事務職員の活用を試していただければと思います。

> **Q22**　マニュアル作りやシステム化といった法律事務職員業務の合理化は，本当に法律事務職員にとって良いことなのか。

　マニュアル作りやシステム化は，業務の効率化といった事務所運営に資する方策であることは確かですが，そこで実現できる業務の質は，点数で言えば60点だと思います。

　より質の高いサービスや，スピードより質を求める依頼者の満足といった側面，法律事務職員の知識吸収や業務処理面のステップアップという成長面は，合理化だけでは実現できません。

　「事務所特有のこの方法で，この特定の分野の仕事しかできない」職員を作ったとしても，その業務が無くなった時，その職員は行き場に困ることになります。

　様々な問題点をすべて同時に解決することは困難ですが，職員の素質に応じて合理化担当と依頼者満足担当を区別したり，常に勉強会を開催するなど，工夫の余地はありそうです。

　Q10でご紹介したコミュニケーションツールもご参考にしていただきつつ，貴所の人財を活かす方策を考えていただけたらと思います。

　最後に，私の顧問先の社長の言葉を紹介させてもらいます。

　「仕事を意識の低い2割の層に合わせると，高い2割の層までそれに合せなくてはならない。そうではなくて，高い2割の層がやり

易い環境を整えると，業績は上がる。」

　マニュアル作りやシステム化は必要です。が，それは最低限の手当てでしかないと思うのです。

編集後記（平岡将人）

　2021 年 5 月，私と上野さんはある事件の出張をした。その出張の帰りに，長井友之委員長の事務所を訪ねて，ついでに御馳走になった。

　その食事会の際，私たちの書籍を出しませんかとの話となり，そこからとんとん拍子に加除出版での出版予定が決まった。

　出版の会議を通すために，私たちの熱意を受け取ってくれた担当の宮崎さんには感謝しかない。

　しかし，その一方で，原稿作成はなかなか時間を使ってしまった。本当に申し訳ない。

　ちょうど，2022 年 9 月に日弁連のシンポジウムがあり，原稿作成が止まってしまったことも原因であるが，その反面，当該シンポジウムの内容も原稿に含められたことは良かったのではないだろうか（と思うことにしている。）。

　さて，本書の著者として，まず委員長を紹介したい。

　委員長と私の初めての接点は，日弁連の業務改革シンポジウム（2015　岡山）であった。このときに，長井先生の熱いセリフに胸を打たれ，私はいつか法律事務職関連小委員会の一員になりたいと思ったのだ。

　ただ，感動の消えぬまま，すぐに長井先生にメールを打ったものの，返信がなかったことは内緒である（笑）。

著者　他己紹介シリーズ①

長井　友之（ながい　ともゆき）

　群馬県高崎市にてたかさき法律事務所を運営する弁護士。

　長く法律事務職関連小委員会で活動しており，現在は委員長である。

　周りを巻き込む強いリーダーシップと，明るい性格で周囲を引きつける魅力をもつ，法律事務職関連小委員会の太陽。

　もうすぐ委員長も年齢的に退くのかもしれませんが，御意志は必ず引き継ぎます。

　そして，大学教授である仁木恒夫先生。

　仁木先生は，東京で事務所をやっていた加地修先生と法律事務職員麻田恭子氏と「リーガルコーディネーター」という法律事務所のサービス，法律事務職員のあり方に関する理論を発表しています。私は，その書籍を読み，非常に感銘を受けて，加地先生に教えを乞いにいったことがありました。とても暖かく迎えてくれて，今でも良いお付き合いをさせていただいています。また，加地先生にお願いして仁木先生もご紹介いただき，仁木先生のゼミにも一度だけ講師として参加させてもらったこともあります。

　ゼミのあと，飲みに行って，相当酔った記憶が……。

著者　他己紹介シリーズ②

仁木　恒夫（にき　つねお）

　大阪大学大学院法学研究科教授。仁木先生の視点は，紛争当事者である国民が納得し満足しうる法的手続，サービスの実現にあります。

　法律の研究者は多いですが，より広く，法律事務所まで広げて研究をしている学者は仁木先生しか私は知りません。

　今後とも，宜しくお願いします。

次に，JALAP の屋台骨，鈴木寿夫さんです。

著者　他己紹介シリーズ③
鈴木　寿夫（すずき　としお）
　実は，鈴木さんは私が司法修習でお世話になった事務所の法律事務職員でした。それが，今や JALAP をともに経営する仲間となるとは，世間は狭いものです。
　研究肌の鈴木さんの知識はすごくて，私より詳しいことはたくさんあります。全国の事務職員が目標にすべき偉大なる事務職員のひとりだと考えています。

さらに，日栄さんを紹介します。

著者　他己紹介シリーズ④
日栄　真美（ひえい　まなみ）
　日栄さんと初めて話したのは，京都シンポジウムの後の飲み会だったと記憶しています。そのころ私は委員会に参加したばかりで知り合いも少なく，アウェーどまんなかでしたが，そんな私にも気を遣って，話しかけてくれる優しいお姉さんです。さらに見目麗しい。
　今回，日栄さんの原稿を見て，文章力の高さ，情熱を感じる語り口に驚きました。すごいです。

著者　他己紹介シリーズ⑤
田口　正輝（たぐち　まさてる）
　事務職員関連小委員会の副委員長。大阪のアストライア法律事

務所の代表弁護士。

　優しい雰囲気をもつお兄さんですが，抜群の記憶力！　と鋭い指摘！　で周りの人はみんな一目置いております。まさに，委員会を支える大黒柱と言えましょう。

　しばらくは，小委員会は田口先生に頼りっきりになる予感……。

著者　他己紹介シリーズ⑥

鈴木　圭介（すずき　けいすけ）

　船井総研士業グループのリーダー。初めての出会いは，岡山シンポジウムでパネリストとして登壇しているのを見たときでした。

　その後，名刺交換して，何度か（いや，何度も）飲みに行き，意気投合して今に至ります。

　私は，鈴木さんの意見の方向性が大好きで，信頼していますし，何より大切な友人だと考えています。今回も，かなり無理を言って原稿を書いてもらいました（笑）。ありがとう。

　最後に，本書の執筆にあたり，上野さんに感謝したい。

　最初から最後まで，出版社との連絡，各執筆者からの原稿の受け取り，私との内容の打ち合わせ，誤字脱字チェック，さらには自身の原稿の作成に至るまで，上野さんがいなければ本書はなかったといっても過言ではない。そのため，最後の最後に紹介させていただいた。

著者　他己紹介シリーズ⑦

上野　宏樹（うえの　ひろき）

　弁護士法人サリュ銀座事務所のリーガルスタッフである。

　毛利を支える小早川のごとく，あらゆる弁護士にとって欲しい人材だと思う。いや，法律事務所以外でもきっと成功したに違い

ない。前に進む情熱や実務能力はピカ１と言って良い。

「まだ若い」と言って，飲み始めるとなかなか帰らないことだけが欠点（笑）。

今回の書籍は，みなさんの面白い原稿なくしてあり得ませんでした。まとめるためにシンポジウム形式にするなど四苦八苦したところはありますが，結果的に満足のいくものとなりました。

インタビューに応じてくださった先生方，事務局の方々（ご希望により一部お名前は伏せております。），「一言集」にコメントを寄せてくださった法律事務職員の方々，本当にありがとうございました。企画当初から書籍会議に参加し尽力してくれた富田宏史氏，堀哲也氏にも感謝申し上げます。

あと，サリュのスタッフの星野秀人氏にも感謝をしたいです。原稿を作ってもらったというわけではないですが，私と上野が編集するためにスペースを貸してくれたり，誤字チェックをしてもらったり，いろいろありがとう。

最後に，私の自己紹介と思いましたが，上野さんから他己紹介してもらいましょう。

著者　他己紹介シリーズ⑧

平岡　将人（ひらおか　まさと）

弁護士法人サリュ銀座事務所所属。元代表弁護士。

交通事故事件業界をけん引する業界の有名人であり，法律事務職員の地位確立という使命に燃え，弁護士法人サリュを創業者谷清司から引き継ぎ発展の礎を築いた弁護士，など周知の事実は置いておく。

照れ屋で感情を素直に出さないために周囲から誤解されること

も多いが，冷静のなかに燃え滾る熱い想いを秘めた，弱者救済のエキスパート。人生すべて社会貢献，社会正義の実現（と家族と漫画とゲームと音楽と……）のためと言い切る。呑んで夢を語ることができる，最高に頼もしい兄貴です。本書籍の原稿作成にあたってのストイックな姿勢には，恐れ入りました。

　この書籍企画に参加させていただいたこと，心より感謝申し上げます。

著者自己紹介

長井　友之（ながい　ともゆき）

たかさき法律事務所　代表弁護士（群馬弁護士会）

日弁連弁護士業務改革委員会　法律事務職員関連小委員会　委員長

日本弁護士補助職協会　理事

法律事務職員に関する主な活動歴（以下のシンポジウムの主導またはサポート）

　1999 年　盛岡シンポ「パラリーガル（分野制・一級秘書）の養成と活用」

　2003 年　鹿児島シンポ「事務職員との共同による業務革命」

　2011 年　横浜シンポ「事務職員の育成と弁護士業務の活性化」

　2015 年　岡山シンポ「弁護士業務拡大に資する事務職員の要請と確保」

　2019 年　京都シンポ「事務職員活用の新展開」

　2022 年　名古屋シンポ「こうすりゃよかった！事務職員活用」

仁木　恒夫（にき　つねお）

大阪大学大学院法学研究科教授

九州大学法学部卒。九州大学助手，立教大学助手，久留米大学専任講師，大阪大学助教授を経て現職。

共著に『リーガルコーディネーター』（信山社，2005 年）

　　　　『ブリッジブック民事訴訟法　第 3 版』（信山社，2022 年）

　　　　『新ブリッジブック法社会学』（信山社，2022 年）等

田口　正輝（たぐち　まさてる）

アストライア法律事務所代表弁護士

同志社大学大学院法学部博士前期課程修了

大阪弁護士会所属

日本弁護士連合会業務改革委員会事務職員関連小委員会副委員長

大阪弁護士会業務改革委員会副委員長

民事，商事，家事事件を広く取り扱う。関西学院大学法学部非常勤
　講師として，「ビジネスと法」（電子商取引）の講義を 10 年以上
　担当するなど，IT ビジネス関連の法的サポートにも注力してい
　る。民事裁判の IT 化導入により事務職員の法律事務所での関わ
　りにいかなる変化がもたらされるかが関心事である。

鈴木　寿夫（すずき　としお）

1955 年生まれ

1980 年から 2013 年まで東京都内の法律事務所で事務職員として勤
　務
　　法律事務職員として仕事をするなかで「法律事務職員研修」の
　必要性を痛感する。

1985 年任意団体「法律事務職員業務研修世話人会」を設立。自主
　的な研修活動を開始。

1995 年から東京弁護士会の弁護士業務改革委員会内の事務職員研
　修部会に協力者として参加。研修の講師の他，カリキュラムの作
　成や運営にも協力。

2006 年「有限責任中間法人（現一般社団法人）法律事務職員全国
　研修センター」の設立に参加。理事，法律事務職員向けの実務書
　の執筆・編集責任者を担当。

2009 年から日本弁護士連合会弁護士業務改革委員会内「弁護士補

助職認定制度推進小委員会」（現「法律事務職員関連小委員会」）
に協力事務職員として参加。

2013年上記小委員会に所属する弁護士及び協力事務職員の有志で
「一般社団法人日本弁護士補助職協会」を設立。事務職員理事と
して参加，法律事務所を退職し専従事務局長を務める。

　日本弁護士連合会，東京弁護士会，第二東京弁護士会，横浜弁
護士会，群馬弁護士会等で法律事務職員研修の講師を務め，その
他の諸団体主催の研修会でも事務職員研修の講師を多数経験する。

　「私自身は比較的規模の大きな法律事務所に勤めることができ
て，恵まれた事務職員生活を全うすることができました。しかし，
法律事務職員は，務めた法律事務所によって待遇もその後の事務
職員生活も大きく異なってしまう現実があります。

　法律事務職員の研修をはじめとする育成システムが充実し，法
律事務職員の業務が一つの専門職として確立されることが，多く
の事務職員・弁護士にとってもまた法律事務所を利用する国民・
社会にとっても有益なこととの思いで日々活動しています。」

鈴木　圭介（すずき　けいすけ）

2007年株式会社船井総合研究所（現株式会社船井総研ホールディ
ングス）に新卒で入社。法律事務所の事業戦略・マーケティング
支援・組織開発に従事し，業界を代表する事務所・士業グループ
を多数輩出。業界慣習に則した業績UP提案は，規模感を問わず，
多くの事務所の成長を実現し，弁護士会においても多数の講演実
績を持つ。近年では，テクノロジーを活用したサービス開発，士
業事務所におけるグループ経営や組織再編，新規事業開発といっ
た士業事務所の枠組みを超えた新しい経営形態に対して，多数の
コンサルティングを実践している。

　主な著書・共著として，『新訂版弁護士のためのマーケティングマニュアルⅡ分野別実践編』第一法規株式会社，『改訂版法律家のための WEB マーケティングマニュアル』第一法規株式会社，『士業の業績革新マニュアル』ダイヤモンド社，『弁護士 10 年目までの相談受任力の高め方』レクシスネクシス・ジャパン，『法律家のための WEB マーケティングマニュアル』第一法規株式会社等。

日栄　真美（ひえい　まなみ）
弁護士法人愛知リーガルクリニック事務局長
夜間大学に通いながら，19 歳で事務職員になる。
第一子出産を機に専業主婦になるも，15 年後の 2000 年，再び事務職員に。
同時期から携わる名古屋の事務職員親睦団体「さんがつ会」では，30 周年企画のために 1 年越しの文通で，2011 年やくみつる氏をパネルディスカッションのコメンテーターに招く。
同年長井友之弁護士と出会い，ニューヨークのパラリーガル視察に参加。
座右の銘は，「成らぬは人の為さぬなりけり」

平岡　将人（ひらおか　まさと）
弁護士法人サリュ　元代表弁護士
第一東京弁護士会所属
日弁連業務改革員会法律事務職員関連小委員会　副委員長
日本弁護士補助職協会代表理事
弁護士ドットコム等で事務職員との協働に関する講演，セミナー多

数。

「身近な仲間を大切にしようと思ったら，より広い世界も大切にしようと思いました。」（本書にあたっての一言。）

上野　宏樹（うえの　ひろき）
弁護士法人サリュ　リーガルスタッフ
日弁連法律事務職員関連小委員会協力事務職員
法人内において，リーガルスタッフの評価制度確立や教育研修に携わる。
弁護士との協働や交通事故事件処理に関する法律事務所や整形外科宛の講演及び研修を多数担当。
著書（共著）として，「交通事故案件対応のベストプラクティス」（中央経済社，2020 年），「交通事故事件処理の道標」（日本加除出版，2020 年）。

法律事務所「総合力」経営の実務
～法律事務職員活用のバイブル～

2023年2月28日　初版発行

著　者	長井友之 仁木恒夫 平岡将人 鈴木寿夫
発行者	和田　裕

発行所　日本加除出版株式会社
本　　社　〒 171‒8516
　　　　　東京都豊島区南長崎 3 丁目 16 番 6 号

組版・印刷　㈱亨有堂印刷所　　製本　牧製本印刷㈱

定価はカバー等に表示してあります。
落丁本・乱丁本は当社にてお取替えいたします。
お問合せの他、ご意見・感想等がございましたら、下記まで
お知らせください。

〒 171-8516
東京都豊島区南長崎 3 丁目 16 番 6 号
日本加除出版株式会社　営業企画課
電話　　03-3953-5642
FAX　　03-3953-2061
e-mail　toiawase@kajo.co.jp
URL　　www.kajo.co.jp

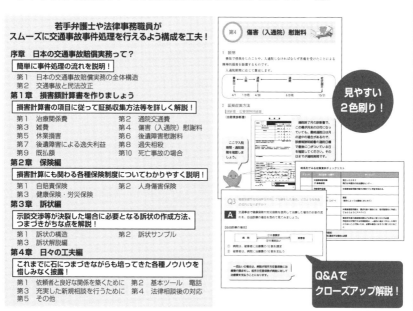